サバイバー

池袋の路上から生還した人身取引被害者

著
マルセーラ・ロアイサ

訳
常盤未央子、岩崎由美子

解説
藤原志帆子

著者インタビュー
安田浩一

親愛なる日本の読者の皆様へ

私の半生を日本語で読んでもらうという夢が実現したことに、今この上ない感動を覚えています。この話は決して誇りを持って紹介できる内容ではありません。しかし、どうしても伝えなければならないのです。人身取引（ヒューマン・トラフィッキング）の真実を伝え、どうしてこのようなことが起きるのかを皆さんと共に考えることで、若い世代が運命のルーレットに身を任せることにならないよう、社会全体がサポートしなければなりません。

人身取引の「被害者」であるうちは、トラウマや問題に悩まされ続けている状態にあります。一方、「サバイバー（生還者）」とは、最悪の難局、屈辱、自分たちの権利や安全を脅かす暴力などを克服した人たちを意味します。公の場に出て証言をすることで、世の中の全てに悪影響を与えているこの犯罪を告発し、多くの命を救い、また自分たちの傷も癒していくことが出来るようになるのです。被害者である限り、公的な支援も精神的なサポートも受けられないまま、傷の痛みを抱え続けなければなりません。

私の最大の夢は、いつか日本を再び訪問し、この人生の暗い部分の幕を完全に閉じること。そして、恐怖心を持つことなく東京の街を歩き周り、日本の素晴らしさを教えてくれる日本の仲間とともに寿司を食べたりお茶を飲んだりすること。一八カ月も生活したはずなのに、今ではインターネットでしか知り得ない、素晴らしい日本文化を実際に体験すること。

日本の人びとは我慢強く、新しいことに積極的で、何事にも屈することなく、他からの解決策を待たない。それはまさに尊敬すべきことであり、私が日本人から学んだことでした。

私がこの本を出版すると決めたとき、皆さんの国をけなしたり、ましてや汚名を着せるつもりは全くありませんでした。ただ、私が沈黙することで、私自身がヤクザやマフィアと同類となり、彼らがこれまで通りに女性たちを騙し続け、彼女たちの夢をもてあそぶことを許してしまう。この事実を語ることで、問題解決への道筋を作ることができればと決断したのです。

この本を手にした皆さん一人ひとりの夢が叶い、愛と平和と幸福に包まれた人生を送れますようお祈りします。

（人身取引を生き延びた）サバイバーには、心にタトゥーが刻み込まれている。
それは誰にも見えないが、永遠に残る傷なのだ

マルセーラ・ロアイサ

日本の状況を変えるための勇気に感謝を込めて

藤原志帆子（人身取引被害者サポートセンター ライトハウス代表）

マルセーラが見た、非人道的で暴力的な側面は、私たち日本に住む多くの者にとって真実と受けとめることが困難ではないだろうか。

しかし今現在の日本でも、性ビジネスの中で利用される人身取引（ヒューマン・トラフィッキング）被害の実態は、マルセーラの生きた二〇〇〇年代前後の頃と実はあまり変わらない。

米国国務省が発表する人身取引年次報告書にて、二〇〇四年に日本は「人身取引の被害者の最終目的地になっている」、また「人身取引犯罪をなくすための最低限の取り組みが見られない」と指摘され、四ランク中の下から二番目の「第二ランク監視対象国」と評価された。この時は外圧もあり、日本として初めて人身取引問題を認知し、人身取引をなくすための行動計画が発表されたが、その五年前にマルセーラは日本の地を踏んでいる。

私自身も、米国での人身取引をなくすＮＧＯでの活動を経て、同じく二〇〇四年に帰国し、日本のヒューマン・トラフィッキング被害者を支援するＮＧＯ（現ライトハウス）を立ち上げた。すぐに始めた相談窓口には、コロンビアなど中南米から、はるばる連れてこられた女性たちが性産業で働かされている、という匿名の通報なども複数寄せられ、全国規模のストリップ劇場の摘発に至ったこともあった。しかし、事情聴取された外国籍女性たちへの通訳を介した丁寧な聞き取りもなく、彼女たちを犯罪被害者として支援する仕組みや予算もない状態だった。そして多くの女性たちは、売春や不法滞在を理由に強制送還させられた。

その後日本から人身取引は無くなったのか。二〇一六年の国務省の年次報告では、今もって「第二ランク（人身取引撲滅のための最低基準を十分には満たしていない）」のままである。性ビジネスで搾取され、私たちライトハウスの相談窓口にやって来るのは、一〇代後半から二〇代の日本育ちの若年女性たちに集中してきている。警察庁が認知した人身取引被害者も、今では半数が日本国籍の若年層だ。金儲けのために、加害者は時代に合わせ、規制をくぐり抜け、性ビジネスの需要があるところに一番送り込みやすい被害者を送り込む。人身取引はビジネスなのだ。

児童養護施設の若い女性職員から「高校を卒業し一八歳で就職した先でうまくいかず退職した退所者が、藁をも掴む思いで夜の仕事を始めた。今ではそこを移動させられ、本番行為をさせられる劣悪な風俗店で働かされている。どのように退所した彼女を支援できるか」という相談を受けた。当の本人は辞めたいというが、「困っている時に仕事を紹介してくれた前の店の店長に迷惑がかかる」「紹介料という手数料を払うまではやめられない」と言っているという。

また有名私立大学出身の二〇代女性は、大学時代路上で読者モデルのスカウトを受け、「モデル契約」をした。人当たりの良い女性スタッフから、名刺や契約書が出されたことで、ちゃんとした芸能事務所であると思ったという。

「男性との絡みがある、と聞いて、私は性行為のことだとは知りませんでした。撮影から逃げようと思っても、大勢の人に囲まれ、マネージャーから監視され、契約があるから、実家まで逃げても追いかけて連れて帰るよと脅され、カメラの前で裸にさせられました」という。

「笑顔で楽しんでいるように演技をしろ」と脅されてできた作品は、女子大生モデルのアダルトビデオ（AV）デビュー作品として売られ、今もネットで配信されている。

一〇代を児童養護施設で過ごした若者でも、大卒の女性でも、なんらかの理由で辞められない、あるいは被害の拡散を食い止められない状況に置かれるのは典型的な人身取引被害だ。

日本の人身取引の現状は、マルセーラが経験した時代と同様、騙しや脅しが横行し、被害者を苦しめている。犯罪組織が国境を越えて暗躍し、海外から女性を連れてくることが多かった時代から、本人の意に反して撮影されたAVのように、商品化された性暴力の記録がDVD等で販売されるだけでなく、ポルノ配信サイトで誰でも（そして、いつまでも）閲覧可能な状態で拡散されており、被害者をさらに苦しめている。残念ながら、日本政府は刻一刻と変わる人身取引を喫緊の問題として捉えた行動を起こせていない。

有効な対策がないことに加え、女性や子どもの性の商品化に寛容な日本社会は、昨今の貧困問題により性風俗に取り込まれる人々が増えている。一方では、性に関する話題がタブー視されているなど、これら複合的な要素によって、日本は人身取引の温床と化し、加害者にとっては「ローリスク・ハイリターン」な場所になっている。

このような状況の中、自分の体験を日本語で伝えたいと、この本の出版を決意したマルセーラの勇気に本当に感謝している。私は、マルセーラが自らの経験を語らう行動が、いまも日本で被害に遭い続ける若者の明日を変えるきっかけになると信じている。いま第二、第三のマルセーラとも言える日本の他の被害者たちが同様に声を上げ始めている。AV産業での強要被害は、被害女性たちが私たちや支援弁護士とともにメディアや警察に訴え始め、加害者の逮捕や政府の調査も始まった。

私たちのもとに相談の声を寄せるたくさんの相談者は、誰一人として自分の受けた被害を被害と認識できずにいた。自分のせいでこうなったと思い込んでいる。だからこそ、困難な状況からサバイブしたマルセーラのこの本が、若者をはじめ多くの方に読まれると同時に、本書が日本における人身取引根絶のための、包括的な法律や制度を確立する後押しとなることを祈っている。

目次

Historia 3

くそったれ《ミエルダ》！

Historia 6

取引き

Historia 7

生還

池袋の路上で

一九九九年五月一六日、池袋。

私の名前はマルセーラ。三人姉弟の長女で、もうすぐ三歳になる娘をもつ二一歳のシングルマザー。南米コロンビア中西部のアルメニアという街で生まれて、五歳の頃にペレイラ（アルメニア北方の都市）へ移り住んだ。

私は今、日本の東京にある池袋の路上に立っている。

周りには三〇人ほどの女性が並ぶ。メキシコ人が五人、ブラジル人二人、ベネズエラ人三人、それ以外はコロンビアの女性たちだ。

コロンビアの様々な街から来たのだが、みんなペレイラ出身だと言いたがる。なぜなら、男性たちの間ではペレイラ出身の女はベッドの上では激しいと思われているからだ。ペレイラ出身だと言えば、客を多く取れるし、その分、お金も稼げる——。

Historia

1

「ミマンエン」

あるコロンビア女性の夢

一九九九年二月、コロンビアの我が家の家計はとても厳しかった。両親は離婚していて、私と母が大黒柱だった。

その頃、私は小さなスーパーのレジで働いていた。私の給料では日々の食料を買うのに精一杯だったので、週末になると私は母と一緒に作った軽食《コミダ・ラピダ》を近所で売って、なんとか他の支払いをしていた。

ある金曜の午後、私たちは軽食を作り、翌日には全部売り切った。その日は今までにないほどよく売れた。月曜日に母は早起きをして、水道、電気、電話、ガス、ケーブルテレビなどの料金を全部支払い、食料を買うために出かけた。すると、家の前で二〇歳前後の二人組の男に襲われた。二人は母を抱えるように囲み、一人がナイフを突きつけて言った。

「持ってるものを全部だせ。騒がなければ何もしない」

母が緊張のあまりに声を上げると、男たちは母からすべてを奪い、頭を強く殴って逃げた。

スーパーに電話が入り、母が病院に運ばれ危険な状態だと聞いた私は、気が狂ったように飛び出した。心配で絶望的な気持ちだった。お金のことはどうでも良い。母のことだけが心配だった。

病院に着くと、一カ月働きづめで貯めたお金と、週末の売り上げがすべて奪われたことを知った。そして病院代という出費が増えてしまった。落ち込んで泣きながら歩き、どこかの公園にたどり着いた。何時間も歩きまわり、神様がもし本当に存在するなら私に何らかの合図を送って下さいと祈った。ベンチで泣く私のそばで、子どもたちがにわか雨で大きくなった水たまりで遊んでいる。苦痛と悲しみの間で思った。子どもの頃に戻りたい、大人の心配事など気にせず、ただ幸せに遊んでいられたあの頃に、私の祖父母や大好きだった叔母さんと過ごした日々に。やっとの思いで立ち上がり家に戻った。

そんなある日、私がバス停にいると高級車が通りがかり、運転していた女性が窓ガラスを下げて大声で私を呼んだ。

「マルセーラ、マルセーラ！」

私は目を疑った。学校時代の友達で私よりもひどい生活環境で育ったリナだった。彼女が今こんなにいい生活を送っているなんて。

「わあ、すごい車。誰のなの？」

「私の車だってば。他の誰のだっていうのよ。ここじゃ誰も車なんて貸してくれないわ。ましてやこれほどの高級車なんてね」

「そりゃそうよね。あなたの言う通り、とてもいい車。よかったわね。ねえ、リナ。私、落ち込んでいるの。何かいい仕事があったら紹介してくれないかしら。今、ひどい状態で何をしてもうまくいかないのよ」

ここ最近の出来事をすべて打ち明けると、リナは答えた。

「ああ、マルセーラ。何て言ったらいいの。このお金を受け取って。あなたにあげるから。これで借金を返して、お母さんの病院代を払って、弟さんや娘さんの食費に使って。私にできるのはこんなことぐらいだわ」

「ありがとう、リナ。きっといつか神様が、このお金を倍にしてくれるわ。私の生活がもう少しよくなったらお金は返すから」

「いいのよ、心配しないで。それはあげるから。大丈夫よ」

こうして、一時的なお金の問題は解決できたが、私の頭は完全に野心に毒されていた。友達のリナが、あれほど祈った神様からの合図だと思いこんでいた。

　私は相変わらずスーパーで働き続け、母は家に戻った。困難や不都合があっても前向きに生きようとした。しかし、私はどうやってリナがあれほどのお金を手に入れたのかと何度も何度も考えた。幾度となく自問した。『私よりひどい生活をしていたリナにできたのなら、私にだってできる』と。リナを探しだして話を聞こう、そして私も同じようにして貧困から抜け出たい。私はリナに電話をして会う約束をした。情が深いリナは何が必要か、何か手伝えることがあるかと訊いてくれた。

「リナ、単刀直入に言うわ。どうやって大金を手に入れたのか教えて欲しいの。私も同じことができるように手伝ってくれるかしら。私、よく働くし、責任感もあるから」

「ねえ、マルセーラ。正直に話すわね。私は日本に行って三年間、売春婦《プロスティトゥータ》をしてたの。確かにたくさんお金を稼いだわ。でも、そんな手助けなんて最後の手段よ。苦しんで欲しくないし、理性を失って欲しくない、ましてや命の危険を冒すなんて。あなたには娘がいるんだから、良いお手本にならなくちゃいけないでしょ」

「でも、どうして。あなたにできてどうして私にできないの？　結局、少しの間でしょ。それに絶対に売春しなきゃいけないって訳でもないでしょう」

「ごめんね、でもそんな手伝いは絶対にできないわ。そうね、もしかしたら売春婦以外の仕事があるかもしれない。でも私は手助けできない」

「ねえ、私のこの状況を見て。お願い《ポル・ファボール》。こんな状態で幸せに暮らせると思う？　もう無理だわ。死ぬほど働いているのにお金が足りたことがないの。電話や電気、水道も止められてしまう。こんなの生きてるって言わないわ。自分勝手なこと言わないで助けてちょうだい」

「ごめんなさい。私が自分勝手だから言っているんじゃないの。でも、きっぱりとお断りするわ」

「わかった、これ以上頼まない……」

「よく聞いて、マルセーラ。生きていく上でお金はすべてではないわ。私自身、よく分かってるからこんな話をしているのよ。簡単にお金を得るなんて馬鹿げた考えは捨てて。そんな風にして稼いだお金は卑しいものよ。どんなに頑張ってもすぐに無くなってしまうわ。指の間からこぼれる水みたいにね」

「もういいわ。あなたに頼ろうが頼るまいが、どうにか私の人生を変えてみせるわ」

それがリナと話した最後だった。彼女への怒り、憎しみ、軽蔑の気持ちが湧いてきた。『馬鹿ね、自分だけがお金を稼げると思って。ただのエゴだわ。自分のことしか考えてないのよ』

その日から日本へ行く方法を探し始めた。探せば見つかるものだ。一カ月半後、ついにピポという人にたどり着き、電話をかけた。

「もしもし、ピポさんをお願いします」

「ああ、俺だけど」

「日本に行きたいんです。お手伝い願えますか」

「なあ、お嬢ちゃん《ニーニャ》。こんな話は電話じゃできないよ。なんなら今すぐ会ってもいいが」

「はい、どこに行けばいいですか？」

ペレイラの中心部にあるごく普通のカフェテリアで会う約束をした。私たちは合い言葉を決めていた。ある男が私を見ると言った。

「君はとてもきれいだ。抱えきれないほどの大金を日本で稼げるぜ」

その瞬間、色々な想像と期待が頭をよぎる。母のために家を買い、最上のものを弟たちや娘に与えている私。

男を見て少し驚いた。アメリカ人のような風貌をした白人のコロンビア人だ。きちんとした身なりをし、目を引くブレスレットとブランドものの時計をしていた。彼はドルとペソの札束が入ったブリーフケースを見せびらかすように開けた。

「ピポさん、私は何をしたら良いのでしょう？　何が必要ですか？　いつ出発できるんですか？」

「お嬢さん《セニョリータ》、ものには順番がある。まずいくつか質問させてもらう」

一八歳以上か？

パスポートは持っているか？

結婚しているか？

子どもや両親、兄弟はいるか？

コロンビア国外に出たことはあるか？

なぜ日本に行きたい？

どこでこのことを聞いた？

ピポは、私のこれまでの人生や今の状況にとても興味を持ったようだった。さらにマフィアや殺し屋との交遊関係があるか質問した。

長い面接の後、ピポは言った。

「マルセーラ、合格だ。すぐに準備を始めよう。時間はあるか？　そのままでいいから全身写真とパスポート写真を撮る。金も必要だろう。ＡＴＭに行くぞ。出発までの必要経費は出してやろう。このブリーフケースの金は俺のじゃないんだよ。日本にいる女の子から託されたんだ」

「え！　日本から帰ってきたばかりなんですか？」

「そうさ、俺は向こうに住んでるが、しょっちゅう帰ってくるんだ。特にペレイラとメデジン（北西部の大都市）にな。国内でも特にきれいで積極的な女の子がたくさんいるからさ」

「それより経済的な問題でコロンビアから出たいと思っている人たちがいるからじゃないですか」

「そうだな、それもある」

ピポは一〇〇万ペソ（約七万五千円）をくれた。これほどの大金を手にしたのは人生で初めてだった。

「そうだ、一つアドバイスがある。この計画のことは誰にも言わないこと。家族にもな。分かるだろう。みんな心配するさ。母親にとってもよくないだろう。それに、友達が聞いたら嫉妬して計画を壊してしまうかもしれない。そんなことはしたくないだろう、なあ？」

「いいえ、心配しないで、私を信じて下さい。夢を台無しになんてしたくないわ。この夢は実現しなければならないから」

それから一週間が経ち、パスポートも手に入れた。ピポから電話が来て、前と同じ場所で会うことになった。

私はうれしかった。『なんてすてきな人なの。私の話を聞いてくれて。私に関心を持ってくれてるんだわ。そして気が合う。だから助けてくれるのね。でも不思議、友達よりも知らない人から助けてもらう方がこんなに簡単だなんて』

ピポが言った。

「マルセーラ。準備万端だ。明日の始発便でボゴタ（コロンビアの首都）へ向かうぞ。そこで書類を調整しなきゃならん」

「私の何をですって？　書類って何ですか？」

「パスポートのことだ。君はコロンビア人として日本に入国できない。すぐに戻されてしまう」

「じゃあ空港で捕まったらどうするんですか？　刑務所に入れられたら？」

「騒ぐな。刑務所がどうこうじゃない。書類を持ってコロンビアから普通に出国する。だが、飛行機の中でこれから渡すパスポートと交換するんだ。わかったか？　驚くことはない。とても簡単だ。それに話のつじつまが合うようにもう一つのパスポートの名前が書かれたチケットも渡しておく。じゃ、分かったな。荷物を準備して母親には数日ボゴタに行くと言っておけ。日本に着いてから母親に電話するんだ。誰にもこのことは話すなよ、家族にもだぞ。この計画をダメにすることはできないからな」

「分かりました。大丈夫。夢を実現するためなら何でもするわ」

「オーケー、朝五時に迎えに行くから」

家に戻り、いいってを見つけたからボゴタに仕事をしにいく、と母に告げた。母は理解を示し、私の決断を応援すると言ってくれた。

「娘《イハ》よ、あなたはシングルマザーで、若いのに、責任感があるから家族を支えていこうとしてくれている。だから、何をしようとお母さんはあなたを応援するわ。だって、あなたを愛しているし、信じているから」

その瞬間、急に感傷的になり、胸がつぶれそうになった。娘、母、そして弟たちを抱きしめた。しかし、母に疑われたくなかったし、寂しがると思い、私は何も言わなかった。

その夜はほとんど眠れなかった。頭の中に様々な考えがよぎり、母に嘘をついている罪の意識も感じていた。

朝五時、目覚まし時計が鳴った。わくわくして、新天地に旅立つエネルギーを世界中から受けている気持ちだ。でも、これから遥か遠い場所への長い旅路につくというのに誰にもお別れを言えないなんて、この気持ちを愛する人たちと分かちあえないなんて信じられなかった。

家の中をくまなく歩いた。家族はそれぞれのベッドで気持ちよさそうに寝ている。私は彼らのより良い未来のために旅立とうとしている。娘のベッドに近づき、起こさないようにそっと抱きしめ涙をこぼした。娘のお気に入りの小さな人形を、私のカバンに入れて持っていくことにした。荷物は少ない。小さなカバンに入っているのは、数着の洋服と、愛する家族の写真を挟んだ小さな聖書と私の希望だけ。ドアを閉め、後ろは振り向かなかった。

　ピポは落ち着きがなく、いらだっていた。誰かにこのことを話したかと私に尋ねた。話していないから心配ないし、誰も私がどこへいくのか知らない、と答えた。

　ペレイラの空港に向かう車中、涙が止まらず胸はさらに強く締めつけられていた。まるでここを通るのが人生最後かのように、通りの様子や家々、公園、大切な場所を眺めた。

「もう泣くのはやめな、マルセーラ。死ぬわけじゃない。たった数年、日本でダンサーをすれば大金持ちになって帰ってこれるんだぜ。こんな貧乏地区に戻ってくることもないだろうよ」

「そうじゃないの。これまで一度も、娘と離れたことがないから」

「落ち着くんだ。家族や娘が金を見たら、君がどこにいたかなんて聞かないだろう。娘はたくさんのおもちゃをもらったら君のことすら恋しくなくなるさ」

「なんとでも言って。悲しくはないわ。逆に幸せだと思ってる。だってもうすぐ私の人生は変わるんだから」

　ボゴタに到着すると、あるアパートに連れて行かれた。とても豪華な家具が置かれ、管理人の年配女性がいた。ピポは、管理人は私たちの計画について一切知らないから慎重に振る舞うように、と私に注意をした。

　ボゴタに二日間滞在した後、新しい書類を受け取った。新しい書類とはオランダ国籍のパスポートで、私の写真の横にはマルガレッタ・トロフという別人の名前が書かれていた。ピポは言った。

「お姫様《ミ・レイナ》よ。きちんとした荷物で行けるようにスーツケースを買ったぞ」

「いいえ、要りません。ペレイラから持ってきたこのカバンで行きます」

「古くて汚いじゃないか」

「構いません。これで行きたいんです。それで何かが変わるわけではないでしょう」

「俺を信用してないのか」

「そういう訳じゃないです。ただ自分のカバンの方が安心なんです。ニュースを見ていないんですか？知らない誰かから荷物を預かったせいで、刑務所送りになった人たちがどれだけいることか。『このスーツケースを使って』と言われて、ヘロインやコカインを持たされた人がどれだけいるか。ですから、私は結構です」

「オーケー、好きにすればいい。言っておくが、俺たちは麻薬《ドロガ》の商売はしない。ただ、君みたいに貧しくて困っている女の子たちが困窮から抜け出せるように助けてるだけだ。その方が馬鹿な麻薬密売人より稼げるからな。奴らには米国で刑務所に入るか、ここで墓に入るかしか道がない。俺たちの商売の方が安全なんだよ」

「よく分かりました」

「カバンの中身をチェックして、服のタグを全部取るぞ。「メイド・イン・コロンビア」と書かれている物を持っていてはいけない。コロンビア人だと分かるものは一切ダメだ。これがパスポートだ。この名前をよく覚えておくように。何度も復唱するんだ。サインも何度も書いて練習すること。やらなければならないことをしっかりと頭に入れておけ。俺はここまでだ。これが航空券、これがスケジュールで、この二〇〇〇ドルは日本に入国する時に見せる金だ。これで全部。三時間後にオランダ行きの便で出国して、その後、日本の成田行きに乗るんだ。到着の少し前にコロンビアのパスポートをオランダ国籍のパスポートと交換して、日本ではオランダ国籍の方を出す。それで全部だ、じゃあな」

「待って。日本に着いたら誰が迎えに来てくれるんですか？　誰に電話すればいいの？」

「心配するな。俺の言ったことだけを考えていればいいんだ。向こうには新しい案内人がいるさ」

「わかったわ、でもその人は誰？　誰に話しかけたらいいのか分かるかしら、どうしたらいいんですか？」

「ちゃんと到着さえできれば、案内人に見つけてもらえるから安心するんだ。俺たちは慣れてるんだから。じゃあまたな。ちょっと立て込んでてな、今週日本に行く別の女の子を迎えに行かなきゃならないんだ」

それ以来、ピポに会うことはなかった。彼は冷淡に別れを告げ、人ごみに消えていった。

飛行機の搭乗アナウンスがかかるまで、空港内を端から端まで歩いた。胃がひっくり返ったような気分になり、手には汗を握り、娘や愛する家族との美しい思い出が頭の中を駆け巡る。まるで死が目前に迫っているかのような、とても奇妙な気分だ。

トイレで顔を洗って自分に言い聞かせた。

『マルセーラ、一体何に驚いているの。死ぬわけじゃないし、少しの間、家族と離れるだけじゃない。みんなのためよ』

トイレから出てそのまま搭乗ゲートへ向かった。列に並ぶ間、別れを惜しんで泣いている人々の姿ばかりが目に入る。手に花を持ち、目には涙を浮かべ、神の祝福を祈り、長く強い抱擁をかわしていた。それにひきかえ私は一人で、「ここで両手を広げて待っているから」と言ってくれる人も、娘の笑顔も母からの祝福の言葉もない。

悲しかった。娘の笑顔が見たかった。母から祝福を受け、弟たちにお別れを言いたかった。『どうして他の人たちみたいにお別れができないの。なぜ私の旅立ちに涙してくれる人は誰もいないの』

しかし、最後には涙を拭いた。『マルセーラ、もう泣かないの。笑顔になるのよ。夢を実現しに行くんだから。前に進むの、もう後戻りはできないわ』

オランダへの機内では、家族のために稼いだお金と豪華なものを持って意気揚揚とコロンビアへ帰国する姿を夢見た。家族みんなを助けたかった。ペレイラの一等地に母の家を建てる夢や、家族みんなが集まる大きなパーティーを開き、一人ひとりにプレゼントを渡す幸せいっぱいの夢だった。

日本に着いて

何時間の旅だったのだろうか。右も左も分からないまま飛行機を乗り継いだ。長いフライトを終え、間もなく成田空港到着というアナウンスが入った時、私は席を立った。トイレに行き、ピポに言われた通りにコロンビアのパスポートをオランダのパスポートと交換した。コロンビアのパスポートはティッシュに包み、ズボンの後ろポケットに入れた。

私の手は汗ばみ震えている。胸はざわつき、無数の考えが頭をよぎる。この国でお金を稼いで家族を貧困から引き離すという、大きな夢が叶う予感がしていた。

飛行機から降りて長い通路をいくつも通った。周りの人々につづいて入国審査のカウンターにたどり着き、厳しくなさそうな係官を探した。一二番カウンターにとても若い女性係官が見えた。『あの子はまだ経験が浅そうだわ。きっと面倒なことにならない』

私は一二番カウンターに行った。パスポートの写真を見た後、ひとことだけ言った。

「日本へようこそ」

そして次の人を呼んだ。信じられない。驚きで、そのまま進んでいいのか分からないぐらいだった。何の質問もなく、問題もなく、最初の難関を乗り越えたのだ。これは幸運のサインに違いない。

なんとも説明できない気持ちだ。お金もなく上流階級の出身でもないこの私が、成田空港を歩いているのだ。周りを見渡すとテクノロジーに溢れていた。その美しさ、秩序と清潔感に圧倒された。醒めない夢の中にいるようだ。

タクシー乗り場へ向かい外に出ると、三五歳位の無愛想で醜い女性が私に向かって歩いてきた。身長約一五五センチ、浅黒い肌に髪は金髪。まるで私の人生をすべて知っているかのようにくだけた調子で言った。

「こんにちは《オラ》、お嬢様《イヒータ》。どうだった？　おめでとう。ピポに言われた通りにできたみたいね。長旅で疲れてるでしょうから、家で好きなだけ寝なさい」

私は完全にショック状態で、何と答えたら良いのか分からなかった。話を聞きながら、細かに彼女を観察した。その立ち振る舞いには金と権力をもった女性像がにじみ出ていた。スポーツウェアを着て、ルイ・ヴィトンのカバンを持ち、派手な宝石を身に着けていた。そして香水は、何キロメートルも離れていても分かるほど強烈だ。

私たちはバンで移動した。とても広い道路、大げさなほど近代的な建物、すべてが素晴らしかった。不思議の国のアリスの気分。信じられない《ディーオス・ミーオ》！　道路という道路が素晴らしい！　ハンドルは反対側についているし、道路が街の上を通っているのだ。こんな道路はコロンビアでは見たことがなかった。私は圧倒されていた。

約二時間後、二階建ての小さな家に着いた。質素な家で中はとても散らかっていた。

この家に上がる前には靴を脱がなければならなかった。靴を履いたまま家に上がると、外の悪いエネルギーや汚れを持ち込むことになるからだ。私のマニージャ（スペイン語で「手錠」の意。本書では管理売春させるマネージャー役を指す）となったその女はこう言った。

「シャワーを浴びて休みなさい。後で話さなきゃならないことがたくさんあるからね」

シャワーを浴び小さな部屋に敷いてあった布団にもぐりこんだ。この部屋は本来洗濯場か物置きに使う部屋だったが、マニージャはそれを私の部屋にしたのだ。悪い気はしなかった。彼女はとても良い人のようだし、そのことの方が重要だった。

布団に入り神様に感謝をした。『神様、ここまで来ることができました。これほどの特別な計らいに感謝します。ここの人たちはいい人みたいですし、この国で私の夢が叶えられると信じています。母に家を買い、弟たちの大学の費用を出して、娘には常に最上のものを与えます。いろいろありがとう。アーメン』

三時間ほど眠っていただろうか。ドアを強く叩く音がして、マニージャが私を呼んだ。

「お嬢《イヒータ》ちゃん、もう起きる時間だ。ここに来たのは働くためだろう」

そして勢いよくドアを開けた。

「聞こえたのかい?」

「はい」

「あたしに向かってしゃべる時は、いつも『はい、セニョーラ』っていうんだよ。わかったね?」

さっきとあまりにも態度が違い、偽善的で嫌味な話し方に、一瞬、耳を疑った。数時間前に空港に迎えに来たあの親しげな人と同一人物とは思えない。すっかり別人に変わっていた。

さっとシャワーを浴びたが全身は恐怖に包まれていた。奇妙な感覚で、まるで私の決断が間違っていて後悔するかもしれないという悪い予感がした。

一階に降りると、マニージャは鉛筆と紙を用意し、手には電卓、そして私のコロンビアパスポートを持っていた。その態度は絶対的権力を持った人のもので視線は鋭く支配的だった。私は恐怖心を抱いた。

「さて、よく聞きなよ。繰り返すのはいやだからね。
1. 毎日二万円を支払うこと。
2. 働く許可を得るために外でヤクザに一万円払うこと。

3. この家の家事を手伝うこと。それで部屋代と食事代の支払いとする。
4. 支払いができない場合、借金の利子がつき始める。
5. 今の借金は五〇〇万円。おおよそ二億ペソだ」
「いくらですって?」

「聞いた通りだよ、イヒータ。そんなのすぐに支払えるさ。ペソに換算しないことだね。それをしたら安眠できなくなるよ。あんたのパスポートはあたしが預かる。もし金を払わないで逃げようとしても、コロンビアの家族を探し出して、あんたが現れるようにご挨拶させてもらうからね。分かったかい?
6. 振る舞いが悪い場合、あんたをヤクザに売りつける。ヤクザはあたしみたいに優しく扱ってくれないよ。それに借金も倍になるさ」
私は唖然としていた。息をするのがやっとだった。私の人生と夢が音を立てて崩れ落ちていく。思考が止まり、何を言われているのか理解できないほどだ。ただ、自分の動悸だけがものすごいスピードで響いている。自分の身を守る勇気も、そんな大金を支払わなくてはならない理由を聞く勇気もなかった。その数字は間違っていないのか、払うとしても航空券代がそんなにするはずがない、そう言いたかった。しかし、その借金を払わなければ自由にはなれないのだと悟った。強烈な話し方だったので、私はマニージャの動きを目で追っていたが、話している内容はもはや頭に入ってこなかった。

「ほらほら《オーレオーレ》! もう仕事が始まるよ。手取り足取り説明するからね。まず、常に頭に入れておかなければならないのは、自分は売春婦だってこと。あんたのいいとこはまだ若いってことだね。二一歳で始めればいい経験が積めるよ。三〇歳になる頃にはプロで、大金持ちになってるだろう。その股間は宝の山なんだよ。いい売春婦でさえいれば欲しいものは何でも手に入るんだ」

「そのファッションは変えなきゃいけないね。もっとセクシーな服を着てメス犬みたいに振る舞うんだ。

忘れちゃいけないのは、男たちが道端で探してるのは家では手に入らないものだってことさ。『家《カーサ》にいるのは奥さんで、ベッド《カーマ》にいて欲しいのは売春婦』ってことだ」

大嫌いなミニスカートを履かされ、ピエロのような化粧をさせられた。マニージャは私をまるで操り人形のように扱い支配した。私が意見することは許されず、自分のことを決める権利すら与えられないのだ。

私が身に着けたものはすべてマニージャのクローゼットから引っ張り出したおさがりだった。ヒールは高すぎてうまく歩けない。とても怯えていた私は、話すのも意見を言うのも怖かった。『それはいや』とか、ただ『なぜ?』と質問するのも恐ろしかった。マニージャは私を脅していた。準備ができるとこう言った。

「準備オーケー。きれいだよ。たくさん稼げるね。じゃ、そっちからこっちに向かって歩いてごらん。見てあげるから。でももう少し胸を出さなきゃダメだね。もっと大きく見えるようにね。ボリュームアップのブラジャーを買ってあげようか」

まぬけ面で歩いているうちに、顔中に涙が流れた。

「あらまあ、泣かないで。悲劇はなしだ。そんな道徳ショーに付き合ってられないよ。ヒールとミニスカートはよく似合ってるよ。さあ、涙を拭いて。女王様の化粧が崩れてしまう。さあ行くよ。よく頭に叩き込みな、自分は売春婦だってことを。プロの誇りを持ってやるんだ。それで貧しさから抜け出せるんだから」

池袋で過ごす初めての夜

私は池袋の路上で、周囲の女性たちの憎悪のこもった眼差しを一身に浴びていた。新人の登場は彼女たちにとって脅威なのだ。私は派手な厚化粧をし、ミニスカートをはき、背中が大きく開いたブラウスを着ていた。底が厚くて重いハイヒールを履いてあちらこちら歩き回った。

私は想像すらしたことのない違う国、違う世界、異なるライフスタイルの中にいた。飛行機に乗った時には愛と幸せと期待いっぱいで、良い生活を夢見るごく普通の若いシングルマザーだったのに。

「さて、お前さん、ヤクザを紹介するよ。池袋の路上に来たらすぐにお金を払う相手だ。彼らへの支払いは忘れちゃいけない。じゃないとお仕置きされるか、ここから追い出されるからね。ここの仕事は守らなきゃいけない。日本でも一番いい場所だからね。だから、誇りを持つんだよ。ほら、路上のボス、オットを紹介するよ」

「オラ、セニョール」

「バカ、それじゃダメだろ。前を向いてお辞儀をするんだ。頭を下げてスミマセンと言うんだよ」

マニージャに押されて、高いヒールの靴を履いていた私はバランスを失い、彼らの足元に倒れてしまった。恥辱と死ぬほどの恐怖を感じながら、私はゆっくり立ち上がった。

「スミマセン」

その男の顔を見るのはとても恐ろしかった。悪人面の太った大きな男で、腕に刺青を入れた二人の男を引き連れ、手には野球のバットを持っていた。なぜこれほどの恐怖を感じたのか分からない。マニージャが私に話す声のトーンなのか、あの男の顔か、力を見せつけるかのようにバットを振りかざして話す、その姿のせいなのか。

叫びたかった。文句を言いたかった。なぜ嘘をついたのか、なぜピポは私がダンサーになると言ったのか。騙された、と抗議したかった。しかし怒りより恐怖心の方が強かった。両手を縛られているようなものだ。考えたり意見を言ったり、ただ私自身でいる権利すら失っていた。マニージャが私の所有者であり、主人なのだ。マニージャは言った。

「オーケー、ここに立つんだ。夜の一〇時から始発電車が出る朝五時半まで働くんだよ」

「どうやって帰ったらいいんですか？　日本語も切符の買い方も分からないんです」

「自分で考えるんだ。苦しんで、ひどい目に遭いながら、この国で自分を守れるようになっていくんだ。ああ、忘れてた。ちょっとしたアドバイスだ。メス犬として行儀がいい子ほどいい売春婦だってことを覚えておくんだよ。じゃ」

　私には目もくれず人ごみへと消えていった。興味深いことにピポやマニージャ、ヤクザの人はみな同じ目つきをしていた。その目には冷酷さと孤独感が映し出されているのだ。

池袋の路上で途方にくれてただ突っ立っていた。私は聖女のように廉潔《れんけつ》ではないが、さすがに売春をしたことは一度もなかった。

マニージャが人混みに紛れた時、私はわっと泣き出し、自動販売機の後ろにうずくまった。『ああ神様《ディオス・ミーオ》！これは何なの？　なぜ私はここにいるの？　どうしてこんな罰が当たるの？　私はただ自分の家族を助けたいだけなの。それが罪だとでも言うの？　神様、私を見捨てないで下さい。私は売春婦ではありません。私の過ちをお許し下さい。やっと、リナが私を助けてくれなかった理由がわかりました。ああ、どうして彼女の言葉を聞かなかったのでしょう。どうか力を下さい』

　突然、二〇歳過ぎの若い女性が現れた。

「ねえ、泣かないで。何があったか分かってるわ。ここにいる私たちみんなが体験してることなの。そして残念だけどこれからも続くわ。この巨大なヤクザの前では誰もが無力よ。さあ立って。オットに見つかるとマニージャに報告されるわよ。ジュースでも飲んでお話ししましょう」

「あなたは誰？　どうして私を助けるの？」

「落ち着いて。怖がらなくていいのよ。ここでは私もあなたと同じ売春婦、いまいましいヤクザに売られた女なの。私はパトリシア、あなたと同じコロンビア人よ。ここには二年いて、二度目の借金を払っているところ。ある日、マニージャに反抗して支払いをしなかったの。そしたら彼女は私をヤクザに売ったわ。そして今は二倍の借金を払っているというわけ」

「何てこと！　マニージャの脅しは本当だってこと？」

「そう、その通り。むしろ想像以上よ」

パトリシアと会って、初めて誠実な人と話した気がした。人生に吹き荒れ始めた嵐のような日々の大事な仲間になる予感がした。彼女はここでの仕事について、こと細かに説明してくれた。

「行くわよ、マルセーラ、働きましょう。路上でガンバッテいるのを示せないと罰金だからね」

「ガンバ…って何？」

「日本語でガンバル。努力するってこと」

「分かった。何したらいいか分からないから助けてね。日本語もできないし」

「大丈夫。まずはリラックスして、よく頭に入れておいて。もうあなたは後戻りはできない。前進するしかないの。行くわよ。私をよく見ていて。その後、あなたも同じことをするのよ。実際のところ、日本語を話す必要はないの。ここを通る男たちは私たちが何をしてるかよく分かっているから。だから、料金だけ覚えておけばいいの。二万円《ニマンエン》ね」

「オーケー」

前を歩くパトリシアの背中はまさに売春婦だった。下品で俗悪で、男たちに媚を売り、胸を見せつけている。『何てことなの。借金を払ってコロンビアに帰るためにあんなことをしなくてはならないの？夢を実現するためにあんなに下品にならなくてはいけないの？　ああ、神様、助けて下さい。私にはできるか分かりません』

　突然、パトリシアはある男性と話し始めた。こちらを見ているので、どうやら私のことを話しているようだった。そして私のところへやってきた。

「ねえ、マルセーラ。あの人があなたの最初のお客さんよ。彼にあなたが新人だってことを説明したわ。あなたが何も知らないってことと二万円を払ってもらうことを伝えてあるわ。彼と行きなさい」

「どこへ？」

「どこへって何よ。ホテルよ。ほら、彼と行きなさい。忘れちゃダメよ、コンドームはいつも二個使うこと。そして、先に支払ってもらうこと」

「ああ、できるか分からないわ。怖いの……」

「彼は私の長年の常連さんだから怖がらないで。物わかりがいいからあなたを推薦したのよ。ひどい扱いはしないし、傷つけるようなこともしないわ。ほら行くのよ。気が変わっちゃう前に」

「分かった、行くわ」

　その男は私の腕を取り、まるで私たちがカップルかのように歩いた。男は私に話しかけたが、何を言っているか全く分からない。ただ、彼の視線は優しかった。私の腕が震えていたので、怖がっているのが分かったのだろう。

　同じ道にあるホテルに入った。部屋は小さく、清潔で鏡だらけ、シャワーと低くて丸いベッドがあった。男は私にいろいろと話しかけたが、私はジェスチャーで、何も分からないことを伝えた。するとすぐに裸になり、シャワーに入っていった。私は呆気にとられ、何をしたらいいか分からなかった。泣くのか、走って逃げるのか、それともこの悲しい現実に向き合うのか。

　男はシャワーから出ると、私を愛撫し、キスをして服を脱がせた。私はマネキンのように微動だにしなかった。そして裸になった私をベッドに連れて行った。コンドームを二重に着けて、私の上に乗り、挿入した。私は顔を横に向けたまま泣いた。家族との思い出や夢などが頭の中をよぎっていた。男は身体を動かしていたが五分ちょっとで射精した。服を着てサヨナラを言ってそれで終わりだった。この一〇分間はそれまでの人生で最悪の経験で、まるで数時間にも感じられた。

　ホテルから出ると、パトリシアがまるで保護者か守護天使かのように私を待っていた。

「簡単だったでしょ？　日本人の男は鶏の交尾みたいに早いし、アソコだって小さいのよ。だから、それほどひどくないでしょ、それに悪い扱いはしないわ」

「ああ、なんて言ったらいいか分からないわ。知り合ったばかりの男性と寝るなんてひどい。憂鬱で気持ちが悪いわ。この世でもっとも下品な仕事なのに、簡単にお金になるなんてよく言えるものだわ。いま起きたことについてはもう話したくない」

「大丈夫、気持ちはよく分かるわ。私はいまあなたが感じていることすべてを経験してきたのよ。それより続けましょう。だって、毎日マニージャに二万円、ヤクザに一万円払わなきゃならないのよ。ほかの出費や食費、それにコロンビアへの送金分もあるでしょ」

　道を横切った時、奇妙な騒音が聞こえ、心臓の鼓動が早まった。

「パトリシア、何なのこの音は？」

「ああ！　なんてこと！《ディーオス・ミーオ》　ありえない。またあのバイクだわ。行くわよ、走るのよ。隠れなくちゃ」

「え、どうして？　彼らは誰なの？」走りながら尋ねた。

「さあ、走って。それ以上質問はなしよ。隠れないと見つかって殺されてしまうわ」

　私たちはとにかく走った。ハイヒールとミニスカートの女性たちがみな、行き先も分からずに必死に走っているのが見えた。

私たちは大きなごみ箱に飛び込み、そこにあった紙くずで自分たちを隠まった。紙の隙間からこれまで一度も目にしたことも、想像したこともない光景を間近に見ることになるのだった。映画の一シーンのようで、それが現実だと信じたくはなかった。

中国マフィアの襲撃

五〇台ほどのバイクが物凄いスピードで走ってくる。男たちはアルミ製の棒や長くて太い鎖を手に意味の分からない言葉を叫びながら通り過ぎて行く。バイクで走り回り、目についた女性を片っ端から襲っていたのだ。そのうち私たちから数歩のところにいた女性が捕まった。

男たちは女性を地面に押し倒し、助けを求めて叫ぶ彼女を鎖や棒で殴りつけ、つま先に鉄が入った靴で蹴り続けた。私は驚いて叫びそうになったが、見つからないようにと必死なパトリシアに口を塞がれて息もできなかった。

女性は叫んだ。

「助けて。お願い、殺さないで。私には二人の子どもがいるの、お願いだから助けて」

男たちは容赦なかった。鎖が打ち据えられるたびに、血が飛び散る。女性が苦しむ姿を見て、男たちは声をあげて笑い、喜んだ。その間、別の男たちが次に襲う相手を探してバイクで走り去った。

新聞紙の下から覗き込んでいると、その女性と目が合った。その目は『見ないで』と言っていた。『捕まってしまったんだから仕方ない。そんな風に見ないで』と。瀕死の彼女の視線が私の脳裏から消えることは決してないだろう。涙と血にまみれた目はゆっくりと閉じていった。

男たちがそこから去るまでしばらくかかった。私は女性を助けに行こうとしたが、パトリシアに強く引きとめられた。

「動かないで。お願いだから、動いちゃダメ」

「でも、もう男たちは行ってしまったわ。見てよ。かわいそう、あんな風に悶えて。死んでしまうわ」

「奴らは戻ってくることもあるのよ。オットが来るまでここから出ない方がいいわ。オットはヤクザなの」

「でも、パトリシア、あの人、死にそうよ。助けてあげないと」

「ダメよ。オットが来るのを待つの。そしたらどうしたらいいか、教えてくれるから」

「病院に連れて行かなきゃ。ほら、動かないわよ。死んでしまったのかしら」

「もうこれ以上見ちゃダメ。騒がないで。ここでは仕方ないのよ。自分の身は自分で守るしかないの」

何ということか。涙が止まらずショックで息ができなかった。私からほんの数歩のところで彼女は死に瀕している。私は悪臭が入り混じる大きなごみ箱の中からそれを見ていた。しかし、おぞましい光景を目にした驚きの方が大きく、後になるまでそのひどい臭いに気付かなかった。

それからさらに一〇分ほど経っただろうか、三台の車に乗り、ヤクザたちがやってきた。どの男も醜かった。パトリシアは私に言った。

「さあ出るわよ」

「いやよ。あの人たちも殺しに来たのよ」

「違うわ。あの人たちは味方よ。オットの仲間だから。さっきの奴らは中国マフィアなの。売春婦を嫌っている。見つけると殴り殺すの。だからあのバイクの音がしたらすぐに走って隠れるのよ。他人のことを考えてたらダメ」

さっきの女性がヤクザの男たちに担がれた。体中の骨が粉々に砕けているようで、血にまみれた顔で最後の助けを求めていた。女性は車に乗せられて、どこかに連れて行かれた。

「パトリシア、あの子は死んでしまったの？　彼女をどうするのかしら。病院に連れて行ったの？　生き延びることができるかしら？」

「分かんないわ。そうなることを祈るけど。神様に祈りましょう。それ以外できることはないから。このことで悩むのはやめましょう。過去のことだと思って、もうこの話をするのはこれで終わり」

「どうしてそんなに冷たいの？　あの子が襲われたのを見てたでしょう？　警察も誰もいなかったってどういうこと。どうしてあの時、誰も駆けつけなかったの？」

「あのね、私は冷たくないわよ。日本ではあんなこと日常茶飯事なの。警察だって買収されてる。そんなのコロンビアだけの話だと思ってない？　日本の方がひどいわよ。さあ、ヤクザたちの指示を待ちましょう。まだ仕事を続けるか、家に帰るか」

街角でみんながこの事件について話していた。しかし実際には誰も何もできなかったし、できたとしても行動しなかった。

私は何が起きたのか理解できなかった。自分が知らない世界、異次元で起こったことのようだった。ただ、確かなのは、あのかわいそうな女性の視線を決して忘れることはできないということだ。事実、それは後々まで続くひどい悪夢の原因となった。

三日後、その女性がボゴタ出身の四二歳で、三人の子どもと孫までいたことを知った。日本で長年働いてコロンビアの親戚を支えてきた。帰国を決めたが、コロンビアにいる子どもたちが、それまで貯めてきたお金を使い果たしてしまったと知って、日本に戻ってきていたのだった。彼女は病院で亡くなった。

「イヒータ、イヒータ」

突然、遠くから私を呼ぶ声が聞こえた。

後ろを振り返ると、マニージャだった。奇抜な服装をして、手にはブランドのバッグを持っていた。

「仕事の初日にあんなことになってかわいそうだったね。でもそれが日本なんだよ。まあ、ああいう現場に出くわしてよかったかもしれない。こうやって強くなっていけばこれからあまり苦しまずに済むよ。どっちにしても事件は起こっちゃったんだから。さ、帰るよ。また明日があるさ」

「はい、セニョーラ。行きましょう」

この女の声を聞くとなぜか腹立たしい気持ちになるのだが、一方で極度の恐怖心を覚えた。

スモークが貼られた黒いバンに乗ってから、私は一言も言葉を発しなかった。あの出来事にひどくショックを受けていたのだ。マニージャは、手にタバコを持ち、口を開けたままガムを噛んでいた。がさつで品がなく見ているだけで不快になる。

「イヒータ、何でそんなに大人しくしてるんだい？」

「いつものことです。人生について考えてました」

「言っとくけど、この国では考えてる暇はないんだよ。ここでは誰もが常に動き続けている。人生がうまくいくようにってね。よく覚えておきな。雨が降っても雷が落ちても、あんたは働かなきゃいけない。そしてあたしに金を払うんだ」

「はい、セニョーラ。お金は払いますから心配しないで下さい」

二人とも黙り込んだ。私は窓ガラスにもたれかかり、車の音を聞いていた。街のきれいな明かりや建物をじっと見つめていた。なんてエネルギッシュでハイテクな街なんだろう。自分に問いかけた。『こんなに美しくて発展した国に、どうして別の立場で来ることができなかったのだろう？』

「イヒータ、イヒータ」

突然、耳をつんざくようなマニージャの声が聞こえた。

「お嬢ちゃん《ムチャチータ》、到着だ。活動開始だよ。降りな」

「すみません、気が付きませんでした。もう着いたんですね？」

「そう。今晩は働きに出なくていいから、手伝ってほしいことがあるんだよ。シャワーを浴びたら、背中をマッサージしてもらいたいんだ」

「え、何ですか？」

「分かんないのかい？　リラックスできるように背中をマッサージするんだよ。それともマッサージが何か説明しろって？」

「分かりました、セニョーラ」

マニージャは、私の前で当たり前のように裸になった。私は顔をそむけ、小さな自分の部屋に着替えに行った。すぐに、浴室から大声が聞こえた。

「ちょっとおいで！」

彼女の偽善的で耳障りな声を聞くたびに腹わたが煮えくりかえった。この憎らしい女に私や他の女性たちにしてきた数えきれない行いのツケをいつか払わせてやりたいという思いがふつふつと湧いてくる。

「イヒータ」

「セニョーラ、すぐ行きます」

「このクリームを体に塗っておくれ。セルライトに効くんだ。そしてこの電気マッサージ器をあてておくれ」

マニージャの言う通りのことを、奴隷のようにこなしていった。

「じゃあ、マッサージの間、あんたのこと話してごらん。コロンビアに恋人でも置いてきたのかい？」

「いいえ、セニョーラ。母と弟と妹、そして娘だけです。」

「ちょっと、どうしてあたしにそんなに冷たいんだい？　あんたと仲良くやっていきたいだけなんだよ。これから長いこと一緒にいるんだから、平穏に生活していった方がいいじゃないか。あんたは私に金を払って、あたしのいうことを聞く。そしたら、あんたをそっとしておいてやるさ」

「そっとしておくですって？　面白いこと言いますね。自分の生活に何の権利も持てないっていうのに平穏に生活できると思っているんですか？」

「いいかい、お嬢ちゃん《ニニータ》。あんたは自分からあたしを求めてやってきたんだよ。あんたはここに来たくて来たんだ。だから、文句はなしだよ。じゃあもう何もしなくていいから、寝なさい。明日は早起きして家中の掃除だよ」

「はい。おやすみなさい」

部屋に閉じこもり、また泣き明かした。『この国に来てまだ三日目だというのに何てことなの。この数時間で目にしたことと言ったら。神様、まだ何か起きるというのですか？　私がお金を欲しいと思うから、貧しい家族を助けたいから、週に一度だけ夜遊びしたいから、娘をお母さんに預けたままだから、良い母でも良い娘でもないから、だからこんな罰を与えるのなら、もう十分その教訓を学びました。だから、私を見捨てないで下さい。この残酷で無情な世界に私を置いて行かないで下さい。あなたは私の命の唯一の主です。神様、私のこれまでの罪をお許し下さい。どうか、この悪夢を終わらせて下さい。アーメン』

長い時間をかけてようやく眠りにつくことができた。

朝起きて部屋を片付けた。そして、また命令に従う一日が始まった。マニージャの命令に完全に従うのだ。

「今日はあんたと一緒に街へ働きにいくよ。言うのを忘れてたんだけど、あんたの名前を変えなきゃいけない。仕事をするのに本名は使っちゃダメだ。今日からあんたは『ケリー』だよ」

「え、どうして？　慣れてもいない別の名前をどうして使わなければいけないんですか？」

「あたしのそばにいたらどんなことでも慣れてくるよ。分かったかい？」

「はい、セニョーラ」

疲れ果てた一日だった。彼女の命令をひとつずつこなし、仕事にいく時間となった。私たちは電車に乗って再び池袋の路上へやってきた。信じられないことに、そこにはまだあの女性の血痕が残っていた。脳裏にあの恐ろしい場面が蘇った。

「よく覚えておくんだよ。もうあんたはマルセーラじゃない。これからはケリーと名乗るんだ」

「はい、セニョーラ」

マニージャは一晩中私から離れず、パトリシアと話す隙も与えなかった。通りを歩き回り、通りがかる男性に私のサービスを勧めていた。男性を一人ずつ私のところに連れてきて、相手をするよう強要し、私をホテルの入り口まで連れていった。その日は全部で一〇人の相手をした。

打ちひしがれ疲れ果てた。家に戻るとその日の稼ぎを全部取り上げられた。前日の分、食費と様々な理由をつけて金を巻き上げるのだ。翌日にヤクザに支払わなければならない一万円だけを私の手元に残した。

「ああ、忠告するのを忘れたよ。取った客の数をごまかすんじゃないよ。支払いを渋って、ごまかしているのが分かったら、あたしの金を見つけるまでいろいろと調べさせてもらうからね。アソ《ク》コ《カ》に指を突っ込んでまでも探すことになるよ、分かったね？」

「はい、セニョーラ」

私は部屋に戻った。避難場所と化したこの部屋に一人でいる時にだけ、平穏と安心を感じることができた。服を脱ぎ、あおむけになって出産する時のように脚を広げると、膣が腫れあがって赤くなっているのが分かる。雑誌であおいで風を当てると冷えて気がまぎれるような気がした。休みながら少しの間、目を閉じた。

不思議な光景が頭の中を駆け巡り、混乱していた。二〇人以上の男たちが容赦なく殴りつけているのに、誰にも助けてもらえず地面に倒れているあの女性が見える。その後、初めて相手をしたあの男性が見え、その後には私の前で裸になりマッサージをせがむ醜いマニージャが見えた。日本に来てからの数日間の出来事が次々と蘇ったのだ。

しばらくして目を開けると、まだ私は布団で横になって膣を冷やしていた。『もう眠らなくては。どうか夢の中だけでも幸せな気分にさせて下さい』目を閉じ、だいぶ時間が経ってからようやく深い眠りについた。

ドアをノックする音が聞こえた。

「マルセーラ！」

「ええ、うそ!?　もう朝なの?」

いつものいまいましい女の声を朝一番に耳にしなければならない。マニージャは私の部屋に入って来ると言った。

「今日はいろいろやることがあるんだから、もう起きるんだよ」

「はい。どんなことですか?」

「シャワーを浴びて着替えなさい。出かけるよ」

「はい、わかりました」

「『はい、セニョーラ』っていうのを忘れるんじゃないよ」

シャワーの水が身体に流れている間、涙が私の顔を流れていた。不愉快なあの女とのいまいましい一日がまた始まる。

毎朝見ていた娘の笑顔、母が入れてくれたコーヒーの香り、「おはようペレイラ」というラジオ番組の大きな音がどれほど恋しいことか。一瞬だけ、コロンビアでの毎朝の美しい時間に心が飛んでいった。あの幸せな時間こそが「人生」と呼べるものだった。

「準備できました」

「オーケー、行こう」

バンに乗り込む。マニージャはいつもフランコ・デ・ビータ（ベネズエラの歌手）の曲をかけ、歌いながら煙草を吸って運転をした。一見そんな生活を送って幸せそうに見えたが、実は感情すら持たない女だった。彼女を愛する人は誰もおらず、まわりの人たちはコロンビアに送金したり、コロンビアで何かしようと目論んでいたり、利用したい時だけ彼女と付き合っているのがよく分かる。誰も彼女を本当の友人として見てはいなかったのだ。

Historia 2

手錠《マニーシャ》

出口のない迷路

「イヒータ、今日はあんたの姉妹たちがいるアパートに連れて行ってやるよ」

「私の何ですって？　何のことですか」

「説明するから。あたしはあんたのマニージャ、あんたは私のタレントだ」

「はい」

「あんたのような娘たちは他にもいるんだ。他のアパートに住んでるんだよ。あんたがあたしを信頼して、借金の半分以上を払った頃には、あんたにもアパートに住んでもらうだろう。今は来たばかりだから、あたしのそばにいるんだ。分かったかい？」

「はい、セニョーラ」

車で四〇分ほどのところにある小さなアパートに着くと、そこは一〇代から三〇代の女性たちでいっぱいだった。みんな、寝ていたが、マニージャは軍隊の点呼のように女性たちの名を呼びながら中に入って行った。順々に起き上がり、自動的に部屋の中央にある小さなテーブルの周りに集まり、全員揃って座った。まるでプログラムされたロボットのように同じことをして、文句を言う権利も与えられていないようだった。

「紹介するよ。五日前に着いて、昔のあんたたちみたいにあたしと一緒にいるんだ。ペレイラ出身だよ」

「みなさん、こんにちは。よろしく。マルセーラ、あ、じゃなくてケリーです」

「大丈夫よ、新しい名前を忘れることはよくあるわ。みんなそうだった。慣れの問題ね。私はニーナ、私もペレイラ出身よ。あとのみんなは、メデジン出身よ」

「みんな、よろしくね」

　二人の女性がいたが、そのうちの一人は一五歳にも満たないように見えた。マニージャは私に言った。

「ケリー、あっちで座ってなさい。これから週の稼ぎの集金をするんだから。あたしにトオカ（ショバ代のこと。「十日（に一度）」が語源か）を払わなきゃいけないんだ」

　一人ずつマニージャにお金を払った。誰も何も言わなかったが、悲しみと疲労感、苦々しさと孤独が表情ににじみ出ていた。私は女性たちと話すことは許されず、集金が終わると、すぐにアパートを出た。マニージャは収入を得てうれしそうだ。銀行に直行してお金を預けた。

「いつコロンビアに電話できますか？　母に元気だと伝えなくては。みんな私がボゴタにいると思っているんです」

「家に着いたらテレフォンカードを探すから、それで電話でもしようかね」

「ええ、ありがとうございます」

　家に着くと、コロンビアに電話をした。胸の鼓動が早まり、愛する人たちの声が聞けると思っただけでうれしさがこみ上げてくる。

「もしもし？」

「お母さん《ママ》？」

「マルセーラ、どこにいたの？　どうして電話しなかったの。あなたがいなくなってから何かあったんじゃないかって、胸騒ぎがして落ち着かなかったんだから」

「お母さん、私は元気よ、大丈夫。なかなか連絡できなかったけど大丈夫よ。みんなは？　娘は？」

「みんな元気だよ。ただあなたのことを心配してたのよ。だって、こんな風にいなくなることなんてなかったから」

「そうよね、お母さん。ごめんね、また今度説明するわ。すべて順調だから、またすぐに電話できなくても心配しないでね。仕事探しにとても忙しいの。そんなに電話代に費やせないから」

「大丈夫、大事な娘《ミ・ビダ》よ。わかってるから心配しないで」

「で、みんなは元気なの？　娘は？　弟たちは？　お母さん自身は？」

「みんな元気だよ。あの子はあなたのことを聞くけど、みんなの明るい将来のためにボゴタに行ってるんだって話してるんだよ」

「お母さん、ありがとう。もう切らなきゃ。もし私から頻繁に電話が来なくても、それはただ掛けられないだけだって覚えておいてね」

「わかった。娘よ《イハ》、神のご加護を祈るよ」

母に私が日本にいるという真実を伝える勇気はなかった。期待に背いたことで母はひどく傷つくだろう。貧しくて教育も十分受けられなかった母だが、いつも正しい考え方と道徳を教えてくれた。

母に日本にいることを伝えたら、私が売春婦になったと思うだろう。実際に何をしているか言わなくてもきっと怪しむに違いない。コロンビアでは日本に女性たちが行くのは高齢者介護の仕事ではなく、売春婦になるためだと言うのはよく知られた話だったからだ。人に自慢できる職業ではない。子どもや家族がいればなおさらだ。だから、まだ本当のことをいう勇気がなかった。

マニージャは一時たりとも私のそばを離れず、会話をすべて聞いていた。

「ケリー、ケリー。ほーら《オーレ》！　どうしたんだい。黙りこくって」

「いいえ、何でもないです。いつ母に私がここにいることを話したらいいかと思って」

「まだ言わない方がいいね。言ったって苦しむだけだろう」

「そうですね、今はその方がいいですよね」

「ほらね？　あたしとうまくやっていけば、いいことがあるんだ。あたしの前でいい子でいればうまくいくさ。何か食べて少し休もう。今晩しっかり働けるようにね」

　一緒にツナのおにぎりを食べた。マニージャは言った。

「一緒に映画でも見ながら、あたしのそばで休みなさい。ほら、ここに横になってね。映画とちょっとしたものを持ってくるから休んでなさい」

「はい、セニョーラ、ありがとうございます」

　目を閉じた。マニージャのかしこまった話しぶりに驚いたが、さっき大金を手に入れたから機嫌がいいのだと思った。マニージャは黒い絹のワンピースを着て、黒くて小さなカバンを持って戻ってきた。

「イヒータ、映画を見るよ。リラックスするから付き合ってちょうだい。その後休もうね」

「もう私は眠いです」

「ダメだよ。映画が始まったら目が覚めるから。さあ」

　信じられなかった。カバンから取り出したのは、バイブレーター、ローションにポルノ映画だったのだ。

「驚かないで。ポルノは見たことはあるだろう。バイブレーターは？」

「ええ、はい、セニョーラ」

　全身に汗が吹き出した。何てことだ。女性たちの弱みに付け込む厚かましさだけでなく、こんな行為を人に強要するなんて。

『いやだわ。助けて。逃げたらどうなる？　何かしろと言われたらどうしよう？　反抗したら売られて借金が増えるわ。ああ、神様《ディオス・ミーオ》。どうしたらいいのでしょう』

「驚くんじゃないよ。あたしがマスターベーションしてる間、ただ映画を見ていたらいいんだから。悪いことじゃないだろ」

「私がいない方がもっとくつろげるんじゃないですか？」

「いいや、ここにいなさい。あたしは見られるのが好きなんだ」

「でも、無理です。気分が悪いです。お願いです、セニョーラ」

「いるだけでいいんだ。何もしないから。終わったら行けばいい」

映画が始まった。映画はレズビアンのポルノばかりだった。マニージャはワンピースを上げ二つのメロンのような胸を愛撫しながら、動き、呻き、欲している表情をした。あまりにも欲情していたので、一瞬、私が立ち去っても気が付かないのではと思った。私がそっと立ち上がると、マニージャは目を開き、柔らかい声で言った。

「行かないで」

私の背筋は凍りつき、怯え震えていた。何かするよう強要されるなど想像したくもなかった。マニージャは喘ぎ、愛撫をし、バイブレーターを入れた。映画では乱交パーティーの様子が映し出された。私はもう一歩も動けなかった。

「もう少しだから、行かないで。あ、あ、あ、あ！　見ていて、もういくから。ああ、ケリー。あたしの身体は好きかい？　きれいだろ？」

「は、はい、セニョーラ」

私は目を合わせずに言った。

「ああ、見てるだけでいいんだ。ああ、いく、いく、いく。ああ、気持ちいい。ああ、あ、あ、あ」

マニージャの目は閉じ、身体の力は抜けていた。ゆっくり立ち上がろうとする私に言った。

「興奮しないの？　女性は好きじゃないのかい？」

「はい、セニョーラ。男性は好きですが」

「そうかい、何もしなくていいから、大丈夫。ただ、時々あたしを見てほしいんだよ。いやかい？　覚えてるだろ、いい子にしていれば、あたしとうまくやっていけるってこと」

「いいえ、いやではありません、セニョーラ。ただこういうことは簡単ではなくて。ではもう休みます」

打ちのめされて部屋に戻った。何を感じているのか分からなかった。こんな人間に操作されて生活をしなければならないことへの恐れ、怒り、嫌悪感、憎しみ、悲しみなのか、無力感なのか。あの女は気が狂っていて、しかも……。私は完全なショック状態だった。

私は思った。『どこまで堕ちろというのですか。神様、どうしてこんなことを。罰が当たったのですね？　人生の過ちのツケを一つずつ払わそうとしているんですね？　もう、十分です！　お願いです！　本当にあなたが存在するのなら、この女から、この生活から、この国から救って下さい』

『ただのスーパーのレジ係でも構いません。誓います。週末に食べ物《コミダ》を売り歩くのだって構いません。だから、前の生活に戻して下さい、私の愛する家族のいるところへ。娘に、母に、弟たちに会わせて下さい。屋台や物売りで溢れる貧しい道端へ、ゴミだらけで汚く、子どもたちがサッカーをしている私の街へ帰らせて下さい。神様、お願いです。どこにいるの？　聞いて下さい。これ以上、我慢できるかわかりません。お願い、もう無理です。ここにずっといなければならないなら、死んだ方がましです。ねえ、神様、もうダメです。お願い、もうダメ……』

ヤクザの襲撃

この日の夜もいつも通りのひどい日になるか、もしくはさらに悪いことが起きるような予感がして悲嘆にくれていた。泣きすぎて何時に眠りにつけたのかも分からない。

夜九時に目を覚ました。家は静かだった。シャワーを浴びて、部屋で仕事に出かける準備をしていた。

「さあ、準備はできたかい？　車で駅まで送ってあげよう」

家から駅までは約一〇分ほどの距離だ。この街は小さくて古く、灯りが暗い家が多かった。道幅は狭く、マニージャの車が通るのがやっとだった。外国人を目にすることは珍しく、私が歩いていると不思議な虫でも見るような視線を感じた。私の外見が人と違うからか、それとも売春婦に見えるからなのか、その理由はずっと分からなかった。売春をしていることに恥辱を感じていたため、人から後ろ指を差されているような気がしていた。

池袋までは電車で一〇駅で、駅から仕事をする通りまでは三、四ブロックだった。途中には二四時間営業の飲食店や店がある、生活のリズムが昼も夜も変わらない眠らない街だ。

いつもの通りに着くとパトリシアの姿を探した。これまで感じたすべてを誰かに吐き出したかったのだ。他の女たちは私をいやな目つきで見ている。彼女たちは自分のやっていることをよく理解している売春婦たちだ。金や男への渇望が目に見え、最初に足を止めた男を捕まえる気満々だった。

女たちの多くはロングコートを着ていたが、その下は裸だった。男たちが通り過ぎるたびにその商品を見せつけるのだ。汚らわしく俗っぽく金を欲しがったが、みんな私と同じような境遇にいるのはもう私も分かっていた。借金を返さなければならないということ――。彼女らはその生活に諦めを感じていた。私たちはみんな同じだ。でもあんな女性たちと自分が同じであるということこそに、私は我慢できないのだった。

ある男が私に近づき下から上へと視線を動かした。その視線だけで裸にされたような気がした。臆病者のようでホテルを指して誘う仕草をしながら大金を見せた。行きたくなかった。怖かった。その男に何かいやなものを感じ、悪い予感がしたのだ。すると、年上のコロンビア人の女が言った。

「ねえ、どうして行かないのよ？　あなたを誘っているでしょ。もしもオットが客を拒んでいるあなたを見たら、街から追い出して罰金を取るわよ。さっさと行きなさい。お金があなたを呼んでるわ。時間を無駄にしないこと。ほらあなたを求めてあんなに合図しているじゃない。あなたは若くてきれいなんだから今あるものを有効利用しなくちゃ」

「いやなの。怖いの。ノー、ノー、ノー」

「ほら、怖がらないで」

私が拒んでいるとヤクザの男が現れ、私を見ながら「お前が行くか、俺がお前を殴りつけるか」とでも言いたげにアルミ製のバットをさすった。支配力と憎悪のこもった視線で私を睨みつけしわがれた声で言った。

「行くんだ。でなければどうなるか分かってるな」

私には、ヤクザに頭を下げ、あの男が私を再び誘うのを待つ以外に選択肢はなかった。すると、男は、二人のチンピラを連れて再び姿を現した。私をじっと見ると手を取りホテルへと連れて行った。いろいろと話しかけられたが、理解できず、ただ「ニホンゴ、ワカラナイ」としか言えなかった。

ホテル・ロサードに入った。男はナイトテーブルに大金を積み、『いい子でいるならたくさんやるぞ』とでも言いたそうにその金を見せびらかした。

服を脱ぎ始めると……心臓が止まりそうになった。その男は全身に刺青をしていたのだ。私はすぐにパトリシアの言葉を思い出した。「刺青をしている男を見たらそれはヤクザだよ。その人には優しくして言われる通りにしなさい。奴らは悪い人たちだからその通りにしないと殺すぞって言われるわよ」

その刺青を見たら奇妙な汗が全身を流れた。深呼吸をして心の中で祈った。『神様、この男から私を守って下さい。この状況をうまく切り抜けられるように助けて下さい。何も悪いことが起こらないようにして下さい』

男が裸になりシャワーに入ると私はゆっくり服を脱いだ。彼は私を呼び、シャワーに来るよう合図をした。一緒にシャワーを浴びると少し気持ちが落ち着き、この人もただセックスをしたいだけの穏やかな人なのかもしれないと思った。シャワーから出ると私をベッドに連れて行き、優しく愛撫をし私の全身にキスをした。私はまるで初めての時のように震えながら男に言った。

「コンドーム、コンドーム……」

男はコンドームを二枚重ねた。そして強く挿入をした。私は呼吸をするのも怖くて一切音を立てなかった。次の瞬間、私をぼろ人形のようにひっくり返し、四つんばいの犬のような恰好にした。男はアナルに入れたかったのだが私はすぐに床に飛び降りて言った。

「ノー、プリーズ。ノー、ノー。アナルはダメ」

すると、男は私の腕を強く掴み、私をベッドへ放り投げ、顔を思い切り殴りつけ、ナイトテーブルに置かれた金を掴んで私に向かって投げつけた。怒り狂い何を言っているか分からなかったが、とにかく機嫌が悪かった。顔をさすっていると憎しみのこもった目で私を見てもう一度最初からだ、と言った。私が拒む仕草をすると上にのしかかり殴りかかった。私は叫んだがそれを耳にする人は誰もいない。助けを求めていたあの女性、私が助けられなかった彼女のことを思い出した。私は日本に着いたあの日に見た彼女と同じだった。叫んだ。

「助けて！　助けて！」

男から逃げようとした。しかし、力で負けて顔を殴られ、いよいよ言った。

「オーケー、オーケー、オーケー、オーケー」

私が承諾したことが分かるとやっと殴るのをやめた。私が四つんばいになると、男はあまりにも強烈な力でアナルに挿入したので内臓が破裂するかと思った。それほどに激しく、私は一瞬、時間の感覚をなくした。このシーンを自分自身の目で見ているはずなのに、何も聞こえず、何も感じず、意識があるようでないような、不思議な感覚に陥った。

男はまた私をひっくり返すと、握りこぶしで私を再び殴り、髪の毛を掴んだ。殴りながら何度も何度も何か言った。私はすでに痛みを感じず、どのくらい殴られていたのか何度挿入されたのかも分からなかった。

ある病院のベッドで目が覚めた。顔は完全に形が崩れ、まぶたが腫れすぎて目を開けても何も見えず、動くこともできない。唇が大きく膨れて話せない。遠くで日本語の会話が聞こえ、機械の音や左腕につけられた点滴からここは病院だと分かった。

誰かが私に触れているのを感じた。

「何も言わなくていいよ。ちゃんと回復するから」

その声を聞くまで、自分がどこにいて、何が起きたのか思い出せなかった。

「イヒータ！　よくなるからね。約束するから。許してちょうだい。こんなこと起きてほしいなんて思ったこと一度もないんだよ。絶対よくなるからね」

マニージャだった。身体の奥底まで響き渡るいまいましいあの声。私は生きている。あのヤクザは私を殺そうとした。しかし殺さなかった。泣きたい。こぼれた涙は傷にしみた。呼吸をすると折れた肋骨が痛み、声を出すこともできなかった。ただただ、こう言いたかった。

「殺して。どうにかして。もう死にたい……」

病院には二週間も入院した。誰も見舞いに来ず、私の分かる言葉を話す人もいなかった。医者がやってきて検査をしカルテに記入をしたが、誰も何も説明してくれなかった。私の状態、治療法、そしていつ退院できるかも。

何カ月も入院していたように感じたが、実際は二週間だけだった。そして、マニージャがやってきた。

「もう行くよ。完治するから。分かったね、誰にもこのことは話さないんだよ」

「はい。もう帰りたいです」

またこの女と生活しなければならないとしても、その時は病院から出たい一心だった。

「家に帰ったら世話をするよ。完治したらマッサージサロン、ここではピンサロっていうんだけどね、そこで働くようにしてあげるよ。もう路上には行ってもらいたくないんだよ。またあの男が嫌がらせをしに来ても、ヤクザだからあたしたちは何もできないんだ」

「何も？　じゃあ、私は何のためにあのオットに金を払ってるんです？　守ってくれるためじゃなかったんですか？　あんなことが起きないようにしてくれるんじゃないんですか？」

「ああ、そのはずだ。でもあんたを襲ったヤクザは東京でも一番のワルなんだよ。よくあんたを殺さなかったもんだとオットも言ってるよ」

「どうしてあのひどい男が私を殺さなかったのか分かりますか？　神様が私にもっと偉大なものを授けるため、あなたたちがここに作ったひどい世界よりもっとすばらしいものを与えるためですよ。それが実現したら、あなたたちのことを笑ってやりますよ」

「ああ《アイ》！　あたしに何の関係があるっていうんだ。あたしに復讐しようと思わないでおくれ」

突然、ある考えが頭に浮かんだ。この女の友人になり、お金を払いながらできるだけの情報を引き出そうと思った。私にやらせてきたこと、そして何千という女性たちにこれからもやらせていくことのツケをいつか払わせるのだ。これ以上女性を犠牲にして金儲けできないように。

「いえ、あなたのことではありませんよ。気を悪くしないで。私が怒りを覚えるのはあのヤクザたちのことだけです。あなたが助けてくれて、病院から出してくれたのは分かっています。ところで、私はどうやってあそこにたどり着いたんですか？」

「聞いたところでは、あんたを襲った男自身が救急車を呼んだらしいよ。救急車が着いたら、あんたの友達のパトリシアが病院に付き添って、あたしが来るまでそこにいたんだ。二日間も意識不明だったんだよ。医者たちは脳は傷ついてないし、ただ目覚めたくなかったんだろうって言ってたよ。実際、バイタルサインはどれも安定していたらしいし。大変なのは顔と肋骨の傷だよ」

「ああ、神様にこの命を感謝しなければなりませんね」

「そうだよ。もっとひどいことになってたかもしれないんだから」

私は自問した。『自分自身の敵と一緒に暮らすよりひどいことなどあるかしら？　他人が幸せになるために売春をして、もうわずかにしか残っていない自尊心や倫理観を失い、私の不運や人生の破滅と引き換えに他人が豪奢な生活をしているなんて、それ以上にひどいことがあるの？』

私のマニージャ

マニージャの家で生活をして、三週間以上が経った。顔のあざは消え、肋骨はまだ少し痛むものの、だいぶ回復をしていた。この間、家事を手伝い、マニージャが銀行などの用事を済ませるのに付き添うことで、彼女の人生が少しずつ見えてきた。

マニージャはカロリーナという名前でメデジン出身だった。日本人と結婚して八歳の息子がいた。夫は五歳年下で偽装結婚の相手だった。夫はマニージャが日本で合法的に生活できるように書類を提供することで多額のお金をもらって生活していた。仕事もせず、旅行に行きたいと要求し、秘密を守る代わりに豪華な生活を手に入れていた。

マニージャが日本に連れてこられたのは随分前の話だが、日本に来る前もコロンビアで売春をしていた。三四歳だと言っていたが明らかにそれより年上に見えた。鼻と胸を整形して脂肪切除と吸引を五回もしていた。浅黒く金髪、まったく不均衡な目鼻立ちで身長一五五センチ、派手な宝石をたくさんつけていた。下品で教養もなく、優雅に歩くこともできなかったが、常にルイ・ヴィトンのカバンを提げていた。ブランド品を持って流行に乗っていればハイクラスに見えると思っているのだ。

自分のタレント、または被害者とも言える女性たちに名前で呼ばせることはなく、「マー（お母さん）」と呼ばせていた。マニージャが言うには、みんなが一つの家族のようなものだからだそうだ。

女性が日本に入国する方法はいろいろあった。ある時は別の国で盗まれたパスポートを使い、また、ある時は米軍基地にいる友人の男性が同伴者として日本に入国させたりしていた。マニージャは、合法的に滞在している女性しか働けない渋谷の有名な店で働いていたこともあった。

マニージャは売春婦としての自分の人生を自慢げに話し、「借金を払った後は他の女の子を連れてきて小遣いを稼いで、あたしみたいな暮らしができる方法を少しずつ教えていくよ」と言って、売春を勧めていた。私は働けなかった二週間で、マニージャの「友人」になろうとした。私の新たな計画を進めるため奴隷のような生活を続け、言うことはすべて聞いた。

彼女の信頼を得てできるだけのことを調べ、いつか悪事のツケを払わせて、コロンビアに帰り、ヤクザと縁を切りたかった。すべては叶わないにしても、いくつかは実現できるだろう。もし私が彼らに負けて殺されたとしても、私は自分のためにそして私と同じ体験をした女性たちのために何かしたという穏やかな気持ちでいられるだろう。神様は、私から何かいいことが生まれるように、私をこんなところまで連れてきたのかもしれない。

　私がこの世界に使命を持って生まれてきたのなら、それを果たさなければならない。私自身や私の目の前で中国マフィアの男たちに殴られて死んだあの女性のためだけではない。この闇の世界の一部でも打ち壊すことが私の使命だと感じた。

木更津のオミセへ

「イヒータ、マッサージサロンの仕事に連れて行くよ。農場があるような『イナカ』だけど、その方がいいだろう。あのヤクザの男に会うこともないだろうから。あいつは池袋であんたを探すに違いないからね」

「サロンはどこにあるんですか?」

「木更津だ。電車で二時間位のところにある。ヤクザからも慌ただしい東京のストレスからも遠い、静かな街だよ。そこで、コロンビア人かロシア人か分からないが他の子たちと一緒にアパートで暮らすんだ。そこなら元気でいられるさ。あたしはお金を取りに一〇日毎に行くからさ」

「そうですね、セニョーラ。言う通りにします」

「ああ、ケリー、一時はあんたが大問題の種になって、ヤクザに売りつけなきゃいけないと思ったこともあったが、間違ってたよ。分かったかい?　あたしの言う通りにしていれば、うまくやっていけるんだよ」

「ええ、セニョーラ。あの頃は着いたばかりで怖かったんです。それに自分の身に起きたことを考えるとてもうれしい気持ちではいられなかったんです。そうじゃないですか？」

「ああ、分かるよ。でもこれからはいいことがあるさ。あたしに金を払って、その後は自分のために稼ぐんだ」

「大体どれくらいで全額払い終わるでしょうか？」

「そうだね、支払いが滞らなければ二年くらいで終わるだろ」

「二年ですか？」

「そうだね」

「わかりました。私はいつ移動しますか？」

「今日の午後には行くよ。あっちに着いたらボスがいるから、その人にあんたを預ける。ボスの言う通りにやらなきゃいけないよ」

「わかりました」

電車で二時間半かけて移動したが、右を見ても左を見ても山しか見えず家はまばらだった。大きな川を渡り牛のいる農場を過ぎて、木更津にあるぽつんとした小さい駅に着いた。そこは活気のない小さな街だった。六〇歳位の優しく思いやりのありそうな男性が私たちを待っていた。彼は私の社長となる人でみんながオキヤサン（置き屋さん）と呼ぶ人だった。

アパートに荷物を置きに行くとそこでは一人で暮らすのだと知らされた。他の女性たちは別のアパートにいた。三週間後には新しい女の子たちが到着して、ここで私と一緒に住むらしい。

そのアパートはとても快適でかわいらしく清潔でテレビや布団、何枚もの電気毛布があった。キッチンには何でも揃っていた。エアコンやきちんとした浴室、洗濯機、ドライヤーもあり、小さな裏庭まであった。

私が荷物を整理している間、男性とマニージャは話をしていた。私の仕事内容やルールについてだ。マニージャは私の世話をするように、というよりもしっかり見張るように頼んでいるようだった。

「今のところは、ここで一人で暮らすみたいだ。まあ大丈夫だろう。でね、ある『オミセ』で働くんだ。看護婦の恰好をして男性に性感マッサージをするんだ。でもよく聞きな。この店ではセックスは禁止だ。もしやったら罰金を取られて店を追い出されるよ」

「セックスなし？　ああ、よかった！　その方がいいわ。日本でセックスと関係ないことなんて初めて聞くわ。なんてうれしいこと！」

「そうだろうね。オキヤサンはあんたには金は渡さない。あたしが来たらあたしにお金を渡すから、そこでそれぞれの取り分を計算するんだ。分かったかい？」

「分かりました」

「じゃあ支度をするんだ。二時間後にオキヤサンが迎えがくるから」

「わかりました。さよなら」

「じゃあね《チャオ》。いい子でいるんだよ」

日本に来て初めて穏やかで落ち着いた気分になった。自由を感じた。アパートでは独り暮らしだが、あの煩わしいマニージャの不快な声を聞きながら生活するくらいなら、孤独の方がましだ。これから何かが変っていく予感がした。

シャワーを浴びると、いまいましいことに私のそばで死んでしまった女性と、私を襲った男のイメージが蘇ってきた。痛みを感じないほど強く殴られてベッドの端まで飛んでしまい、そこで意識を失ったことを思い出した。そのうち、お湯が冷たい水に変わり、現実にもどった。

仕事場はアパートからたった五分のところにあり、よくある小さい診療所のような場所で、中に入ると小さな待合室があった。その奥にはカーテンで仕切られた小部屋があり、そこにはマッサージ用の小さなベッドにテーブル、薄暗い明かりしかつかないライトがあった。

　小部屋は全部で一五部屋あり、女性一人に一部屋があてがわれた。フィリピン人一二人、ロシア人一人、ペルー人一人とコロンビア人の私。ペルー人の女性を見たら、うれしさがこみ上げてきた。スペイン語が分かるからだ。彼女に尋ねた。

「スペイン語話す?」

「ええ、もちろん」

「ああ《アイ》、素敵《ケ・リコ》。よろしく、ケリーです」

「よろしく、ドラよ」

「ああ、ここにスペイン語が話せる人がいるなんてどれだけうれしいか。あの人とどうやって意思疎通すればいいのか分からなくてドキドキしていたの」

「オキヤサンのこと? 彼は慈しみのある人、とても人間的でマニージャたちを嫌ってるわ。どうしてこんな搾取をするんだって言っているし」

「そうなの? 私のマニージャは帰る前に彼と話をしていったわ」

「大丈夫よ、オキヤサンは彼女が頼んだことはしないはずよ。だってああいう女たちが嫌いだから。で、日本に来てどれくらい?」

「まだ一カ月だけどいろんなことが起こったわ。また今度話すわね。今はここでの仕事のやり方を説明してくれる?」

「ええ、もちろん。えっとね、ここでは一人一部屋もらえるの。男性客はマッサージを受けに来る。空いている人がそのお客の応対をする。もし全員が応対中だったらお客は待合室で待って、手が空いた人がその人を受ける」

「あら、でも私はマッサージできないわ」

「大丈夫、五分ほど背中をさすって、その後、ひっくり返して射精させて終わり。でもね、秘密を教えてあげる。もしもっと稼ぎたかったら、こっそりセックスをして少し多めにお金をもらって、余分にお金を稼ぐの。そうすればマニージャはあなたが多く稼いでいても分からない。分かった？　実際、みんなやってるけど、やっていないって言うわ。でもそれが現実。だから自分で決めたらいいわ」

「わかったわ。アドバイスをありがとう」

「それから、お客が来ない間はおしゃべりもできるし、テレビを見たり、本を読んだり、やりたいことができるのよ」

「ここはとても平和ね。奴隷のような気分にもならないし、マニージャの圧力も感じないなんて驚いたわ。ああ、なんて幸せなの！　この国でそんなことを言えるなんて思ってもみなかった」

この一カ月で初めて声を出して笑った。

「大丈夫よ、アミーガ。ここは平和よ、私が保証する。私はここに来て五カ月になるけど幸せに暮らしているわ。それにもうあなたには何かの時に頼れる友達ができたでしょ」

「ありがとう」

二〇分ほどおしゃべりを楽しんでいたら、客が一人やってきた。社長は私が新しい仕事のリズムになれるように私を指名した。ペルー人のドラが通訳をしてくれた。

「ケリー、君の初めての客だ。一時間分の料金を払ってくれた。しっかりと応対してくれ。彼が飲みたいと言ったら、お茶を用意するんだよ」

「はい、セニョール」

「こんにちは、元気？」客は言った。

「元気です。あなたは？」

　客はものの数秒で服を脱ぎベッドにうつぶせに横たわった。私はオイルを手に取り足先から頭まで全身をマッサージし始めた。彼は満足げに声をだした。

「どこの出身？」

「ニホンゴ　ワカラナイ」

「カントリー、カントリー？」

「ああ、コロンビア」

「プリティーウーマン。あなた、とてもきれい」

「アリガトゴザイマス」

　客を仰向けにして、そっと優しく身体をマッサージした。彼は自分のペニスを触ってそろそろ性感マッサージをするようにと合図をした。オイルを塗ってコンドームをつけた。二分もさすらないうちに射精した。客はタオルを手に取り、すぐにシャワーを浴びて、ベッドには通常の二倍のチップを置いて満足そうに帰っていった。客は社長に言った。

「彼女はとてもきれいで、いいサービスをしてくれる。明日また来るよ。じゃあ、ありがとう」

「ケリー、ケリー」社長が呼んだ。

「はい、セニョール。どうしましたか？」

「他の客にも今と同じように対応するんだよ。今のお客さんは君のサービスに喜んでいたから、これからも同じようにやれば、お客を増やしてあげるからね」

「アリガトゴザイマス」

初仕事の夜はとても心地よかった。お客さんはみんなとても几帳面で礼儀正しく、敬意を払ってくれて、お茶を飲んで性感マッサージを受けるために来ていた。私たち一人ずつに五人の客が割り当てられた。社長はいつも平等にしてくれた。誰かが他の人より得をするのが嫌いだった。

とてもアットホームな雰囲気の生活。食事やお菓子、楽しい時間を共有した。社長はみんなのお父さんのような存在で、暇な時には日本語を教えてくれた。とても楽しくて笑ったり、お客さんが来ない時にはみんなで気をもみながら、客を呼び寄せるための儀式なんかもした。毎日、夕方の四時から夜中の二時まで働いた。休みはなかったが、いつもとても元気に働いていた。

こうして二カ月が過ぎた。時折、マニージャが「トオカ」、つまり一〇日毎の支払いを受け取りにやってきた。この日がくるたびにあの女がいつもの脅迫で私を苦しめる、そう思うだけで気が滅入った。『トオカが払えないなら、コロンビアの家族を脅す。反抗したらヤクザに売り飛ばす。借金を返さずにコロンビアに送金しようとでもしたら、利子をつけて借金を増やすぞ』

マニージャは一〇日毎に同じことを繰り返し、威張り散らした。私が借金を払い終わるまでは、この女が私の人生の主なのだ。借金を完済するまでは、私には何の権利もなかった。

コロンビアからの悲報

三カ月前、祖父がペレイラの中心部で事故に遭った。猛スピードで走るオートバイにはねられて、結局犯人は分からずじまいだった。祖父は足の痛みでほとんど歩けなくなってしまい、以来、優しくお茶目だった祖父はすっかりふさぎ込んでいた。

私は祖父の車椅子が買えるように、マッサージサロンで二カ月間働いて貯めたお金を初めてコロンビアへ送金することにした。マニージャに知られてはならなかったので、社長が助けてくれた。偽造テレフォンカードを売っているイラン人に日本円を渡すとコロンビアの銀行口座にお金が振り込まれるのだ。母にお金が届くという大ニュースを知らせようとテレフォンカードを買った。そのお金で買い物をして生活費を払い、祖父のために車椅子を買ってもらおうと思ったのだ。

「もしもし、お母さん?」

「娘よ。元気なの? 声が聞けてうれしいよ。みんなあなたをどれだけ恋しいと思っていることか。何があってもいつも一緒だったじゃないか。なのに、あなたはとても遠くに行ってしまってほとんど電話もないし、まるで違う人みたいに聞こえるわ。あなたに何か悪いことが起こっているんじゃないかっていつも胸が苦しかったのよ」

「いいえ、お母さん。大丈夫よ。すべてうまくいっているわ。ボゴタではいい仕事が得られるから。それに移動ばかりしていたからあまり電話もできなかったの。ただそれだけよ。私もみんながとても恋しいわ。みんな元気?」

「元気、元気だよ」

「お母さん、何か変よ。風邪でもひいたの? 声が違うわ。何かあったの? もしかして、娘に何かあったの?」

「いいや、大丈夫、元気だよ。いつものようにいたずら好きでやんちゃだよ」

「お母さん、何かあったってわかるわ。もしかして、おじいちゃんの具合が悪いの? もしそうなら、銀行口座に送金したから、そのお金でおじいちゃんに車椅子を買ってあげてほしいの」

母は急に泣き出して止まらなくなった。

「お母さん、おじいちゃんに何があったの？　ねえ、床に伏せたおじいちゃんを見るのは辛いと思うわ。でももう悲しまないでと伝えて。車椅子があったら公園に散歩に連れて行くこともできるでしょ。お母さんの悲しむ姿も見たくないわ。お願い」

「違うんだよ」

「違うって？」

「それはできないんだよ。おじいちゃんは三時間前に病院で亡くなってしまったんだ」

「何ですって？　ノォォォーーー、お母さん、嘘だと言って。車椅子で少しでも喜んでもらえたらと思ったのに。大好きな子どもたちがいる公園に行ってもらおうと思ったのに。あり得ないわ！」

「娘よ、これが人生なんだよ。あんなに愛していたのにおじいちゃんは逝ってしまった。すぐ飛行機やバスで帰ってこようなんて思わないでね。新しい仕事に影響がないように休みを取ればいいから。車椅子のために送ってくれたお金はおじいちゃんの埋葬に使わせてもらうよ」

「ええ、お母さん。また後で電話するから」

「じゃあね、娘よ。来る時には連絡をおくれよ。神のご加護がありますように」

　電話を切ると、マニージャに連絡し、今週はトオカを払わずにそのお金をコロンビアに送金させてもらおうと思った。

「もしもし」

「オラ、イヒータ。どうしたの？　何の用事だい？」

「お願いがあるんです。コロンビアで祖父が亡くなって、埋葬するお金を母に送らなければならないんです」

「ダメだ。そんなのあたしの問題じゃないよ」

「お金をくれと言っているわけではありません。ただ送金できるように今週分を延期してほしいだけなんです。次の週にはいつも通り借金返済を続けますから」

「あのねえ、言っておくけど、雨が降っても雷が落ちてもあんたは支払いを果たす、以上だ。おじいさんは、もうこの残酷な世にはいない。あんたがいようがいまいが埋葬される。あんたがお金を送るまで家の中に置いて腐らせるわけないだろう」

「でも、私は借金の支払いを拒んでいるわけでも、お金をせがんでいるわけでもないんです。私自身が汗水流して稼いだお金を送らせてほしいと頼んでいるだけなんです」

「いいかい？　そんな高慢なこと言うんだったら簡単だ。ヤクザに電話して迎えに来てもらうよ」

「人の心がないんですか？　家族を持ったことがないんですか？」

「ケリー、あんたが日本にいる間はあたしの言うことを聞かなきゃいけないんだ。あたしの金を全部払ったら自由になれるよ」

「わかりました。セニョーラ。グラシアス」

　私の心はズタズタになった。母にもう少し送金できるかもしれないと思っていたのに。

『私の人生、青春や美しさを台無しにする、残酷で慈悲のない人たちに囲われていることをどうやったら忘れられるの。神様、許して下さい。自分の野心、ここに来たという私の過ちのツケを払わされているのは分かっています。でもお願いです。これ以上、見放すのはやめて下さい。私が小さい時におじいちゃんがくれた幸せのお礼を少しもできないままに、あなたはおじいちゃんを連れて行ってしまった』

『おじいちゃん、ごめんなさい。恩返しができなかった。どれだけ愛していたか伝えられなかった。笑顔の一つすら届けられなかった。あんなに好きだった朝のコーヒーを入れてあげられなかった。大好きな午後のドミノで遊ぶ時間を一緒に過ごせなかった。ごめんね、おじいちゃん。こんなことをしていて。ごめんね、がっかりさせて。ごめんね、こんなところに来てしまって』

頭の中には祖父と過ごした思い出が次々と浮かび、目から涙が溢れ、心は引き裂かれた。彼はとてもまじめで働き者だった。いつも愛情と幸せを与えてくれて、私たちの一番のお手本となってくれた。祖母との間に一〇人の子どもを持ち、二七人もの孫と愉快な日々を過ごした。

母に本当のことを告白すべきか、日本にいることを言うべきか迷っていた。大切なものがすり抜けていってしまうのか。その時、一体何が正しいのか、もはや分からなかった。

母に何と言うか悩み、また、親戚にどんな嘘をつかなければならないのか考えていた。みんな、私がいつも祖父のそばを離れなかったことを知っている。そのため、埋葬の時に私がいないことを正当化するまっとうな言い訳が必要だった。

愛する人たちのことを考えずにはいられなかった。しかし、あの女のために稼ぎ続けるしかなかった。規則を破ることも、自分自身でいることさえも許されないのだ。過ちを犯すと売り飛ばされてしまう。感じることも泣くことも笑うこともさえも許されない。この国には働くためだけにきたのだ。他人の金稼ぎのために。

自分の意思で探してここに辿り着いたのか、ただの運命だったのか。泣きながら、コロンビアに想いを馳せたところで何の役に立つのだろう。もはやお金が大事なのかすらも分からない。

どうであれ、もっとお金を稼いで、家族に送金する方法を考えながら働き続けるしかなかった。みんなが生きている幸せを感じて、少しでも快適に過ごせるように。たとえそれが私の不運や悲しみ、孤独と引き換えになったとしても。

コロンビアの母の口座に送金できるようになり、私が日本にいるなど母は思いもせず、私が元気でようやく人生が上向きになったと思っていたのだろう。電話をすると、いつも親戚の誰かに何か悪いことが起きていた。だから、家を建てるお金を貯めようとしても、いつも私の口座のお金が消えていった。

親戚たちは私に直接お願いしてくることは一切なかったが、いつも母の家に行き不平を漏らし、泣きながらドラマを繰り広げるのだ。電話をするたび新たな知らせを聞き私は寂しい気分になるのだった。こうして、なけなしの貯金が出て行くのだ。

オミセの改装

いつものように仕事場に着くと大勢の人がいた。日本人にしてはとても魅力的な、ヤクザの親分と思われるスキンヘッドの男性とお付きのチンピラたちだ。その親分はヤクザなのに、なぜか他のヤクザのような悪い人相ではなく、何か特別な雰囲気を醸し出していた。ニコリともしないが、教養があって礼儀正しく、フレッシュな香りがして清潔で、ピカピカした靴を履きスーツを着こなしていた。

どういう訳か、このヤクザは恐怖心を与えず、むしろ敬意を払いたくなるような人で、女性たちを惹きつける存在だった。ペルー人のドラは言った。

「来て、私のそばに座って。彼はヤクザよ。この商売のオーナーなの。会合を開くみたいよ」

「何か悪いことでも？　気に入らないことがあって、私を追い出すとか？」

「馬鹿なことを言わないで。いつものことよ。二カ月に一回こういう会合があるの」

「ああ、よかった。一瞬、また池袋であのセニョーラと働きに出なきゃいけないかと思ったわ」

「違うわよ、落ち着いて。それより彼の話を聞きましょう」

「ええ、日本語がすごく分かるようになったし……なんてね」

「静かに、後で説明してあげるから」

ヤクザが私のところに来て言った。

「おい、君は新人みたいだが、コロンビア人だな？」

「はい、セニョール」

「君はとてもきれいだ。俺たちのビジネスへようこそ」

「ありがとう《グラシアス》」

「店を改善するための変更点を君らに知らせる。この店を客にとってより良い場所にするため、部屋を改装して新しいものを買い揃える」

「知っての通り、客とのセックスはなしだ。ここでそのようなサービスをしている者が判明したら、俺自身が入管に連れて行き強制送還だ。もしマニージャがいるならマニージャの元へ連れ戻す。分かったな？」

「では、改装中二日間の休みを取ってもらう。今日は俺のレストランで食事会だ。場所に合った服装をするように。一時間後に迎えをよこす。以上だ。ケリー、こちらに来なさい」

「はい、セニョール」

「君は私とオキヤサンと一緒に来るんだ。君は私の特別コンパニオンだ」

私たちは三人で出かけた。

社長《オキヤサン》がなんとか私の通訳となった。誠実そうで優しい表情をする礼儀正しいこの男性がどうしてヤクザになりうるのか私は信じられなかった。彼は私に対して紳士的に振る舞った。

エレガントなレストランに着いた。ヤクザが入店すると全員が挨拶のお辞儀をした。お辞儀は日本文化では普通のことだが彼に対してはより深く頭を下げているのが分かる。

VIPルームに通された。他の女の子たちは別の場所でお付きのチンピラたちと一緒にいた。ヤクザは私をお姫様のように扱ってくれた。酒を飲み、寿司や焼肉を食べながら、オキヤサンに私の人生についていろいろ質問していた。日本にどうやって来たか、マニージャは誰なのか。私のことを知りたがっていた。お互い会話ができないのに、不思議と何か通じるものがあった。

一瞬、祖父の死を思い出して心が引き裂かれた。

「どうした？　なぜ目に涙を浮かべているんだ？」

「祖父が亡くなったんです。でも一緒にいられなかった。きちんと埋葬をするためのお金を送ることすらできないんです。マニージャに助けてもらえるように頼みましたが、『雨が降っても、雷が鳴っても落ちても、あたしに先に払いな。もし自分のためのお金が残らなければもっと働くんだ』と言われました」

私は日本語が話せないのでチンピラが通訳していた。

トイレに行こうと立ち上がると一人のチンピラが私についてきて言った。

「ケリー、パトロンのもてなしで勘違いするなよ。今日いい時間を過ごしたいだけなんだ。明日になったら全部元に戻るってことをよく覚えておきな」

「よく分かりました。セニョール。彼に期待などしていません。言っておきますが、この国に降り立った瞬間から、期待と生きる希望を失ったんです」

それから間もなく、私たちはレストランを出た。帰り際、ヤクザは私を見つめ、手にキスをして言った。

「特別な夜をありがとう」

Historia 3

くそったれ《ミエルダ》！

母への電話

風呂に入り熱い湯船に浸かりながら、コロンビアの家に帰れないことをどう母に伝えようか考えた。

風呂から出てお茶を入れ窓際に腰掛けた。空を眺めその美しさと静けさを感じながら、母に電話をかけた。

「お母さん」

「娘《イハ》よ。もうこっちに向かっているの？　明日の午後四時から埋葬が始まるわ。バスに乗るならもう出なきゃいけない時間だよ」

「違うの！　お母さん《マミ》！」

わああ、と私は泣き崩れた。埋葬の場にいられない悲しみと怒りをどこかにぶつけずにはいられなかった。

「どうしたの？　泣かないで。いつかは起こることだったのよ。誰もがいつかは死ぬの。おじいちゃんはもう眠りについたんだから心を穏やかにしなさい。あなたは彼の愛しい孫だったんでしょう。あなたとの美しい思い出を持って逝ったって覚えておきなさい。そしておばあちゃんと一緒に天国からあなたを見守っているわよ」

言葉が出なかった。私がどうしてペレイラに行けないか、なぜ埋葬の場で祖父に最後のお別れができないのかを、母に言う勇気がなかった。

「私、行けないの。上司が許可をくれなかったの。まだ働き始めたばかりだし、このポジションを離れることができなくて、もし行ったら他の人にこの仕事をあげてしまうって言われたの」

「心配しないで。もうお父さんは逝ってしまったんだから、今できることは何もないのよ。どこにいようと分かってくれるから、落ち着くのよ」

「でも親戚には何ていうの？　みんな、私にとっておじいちゃんがどれだけ大切か知っているでしょ」

「だからこそよ。みんな、あなたがおじいちゃんにどう接していたか知っているからこそ、重要な理由があるって分かるわよ。大丈夫、私に任せて」

「お母さん、みんなによろしく。もう切らなきゃ」

「娘よ、神のご加護がありますように。心配しないで私に全部任せて。愛してるわ」

「私もよ」

涙が溢れ、私の顔はぐちゃぐちゃになった。表現しようのない苦しさで胸が押しつぶされる。胸の痛み、思い出……様々な感情が入り混じったおかしな気持ちだった。

するとまた電話が鳴った。今度はペルー人の女友達、ドラだった。

「ケリー。何してるの？　今日はお休みだから、おじいちゃんのことで一人で落ち込んで欲しくないの。だから、今から三〇分で迎えに行くわ」

そう言うとすぐに電話を切った。

行きたくない、と言う間もなかった。四〇分後、ドラはペルー人のボーイフレンド、アルベルトを連れて現れた。

朝ごはんを食べてから、ドラはコロンビア人の友達、カティの話を聞きに、彼女の家に私を連れて行ってくれた。

カティの場合

「私はバランキージャ（コロンビア北部。カリブ海沿岸の都市）出身。二八歳よ」カティは話し始めた。

「私は会計士なの。結婚していて夫は経済学者。四歳の娘がいて、今はバランキージャにいる母に預けているの。日本に来たのは母が二千万ペソ（約一五〇万円）の借金を負って他に払う方法がなかったから。友達が手伝ってくれてここに来たの。もうマニージャへの四〇〇万円の借金と母の借金も返し終わってもう三年位経つわ。あと一カ月でコロンビアに帰るの」

「あなたの夫はあなたが日本にいることを知ってるの？」

「もちろんよ。嘘をつくのは無理だわ。彼自身が日本に入国する手伝いもしてくれたの」

「あなたがここで何をしているか知ってるの？」

「いいえ、レストランで働いているって言ってる。ドラの店でウェイトレスの服を着て他の従業員と一緒にいる写真を撮って送ったわ。計画通りよ。それに私はいつも控え目、誠実で礼儀正しかったから、疑う理由なんかないのよ。私が売春をしているなんて誰も信じないわ。名声を得れば安穏としていられる、ってことわざで言うじゃない？　分かる？」

「もちろん。でも、そんなに簡単にいったんですか？」

「まさか！　これは要約よ。数えられないほどのことが起きたわ。簡単じゃなかったわよ」

「どうやって三年間も不在で夫婦関係を保つことができたんですか？」

「それは堅実に愛を持って闘ったからよ」

「闘い続けてここまで成し遂げて、もう少しでコロンビアに戻れるなんて。すばらしいわ。おめでとう」

「そうなのよ。あなたにもその日が来るの。約束するわ」

「私は時々諦めたくなってこれ以上もう無理だ、と思うんです。心と身体がこれ以上の虐待に耐えられないって。逃げようか、逃げて入国管理局に駆け込み、知っていることを全部話して、あの人たちを逮捕してもらおうと思うことがあるんです」

「お願いだから《ポル・ディオス》！　ケリー！　何てことを言うの？　そんなこと二度と言わないで。そして考えもしないで。ヤクザは世界で一番強いマフィアだって知らないの？　あなたはまな板の上の鯉みたいなもんよ。あなたがコロンビアを出る前から彼らはあなたのことを全部知ってるの。それだけは言えるわ。絶対にそんなこと二度と考えないで。そして、今言ったことも絶対誰にも言わないで。そんなことがマニージャの耳に届いたら殺されるわよ。あいつらにとってあなたは何者でもない。だから、あなたが何かしたって痛くも痒くもないの。お願いだから私のアドバイスを聞いて家族のことを考えなさい」

「分かったわ。落ち着いて、怒らないで」

「怒ってないわよ。でも、あなたが馬鹿なことをしたら、あなただけじゃなくて何人の人が死ぬか分からないのよ」

「ええ、分かったわ。ありがとう。あなたのアドバイス通りにするわ。今言った事は忘れます」

「そう。忘れた方がいいわ」

「じゃあ、コロンビアに戻ったらどうするんですか？」

「そうね。夫とサンタ・マルタ（カリブ海に面した保養地）に旅行にでも行こうかと思ってるの。その後は大学院に行きたいわ。そして仕事を探して夫と娘のために尽くすわ。もう一人ぐらい子どもを産んだり」

「本当に良かったですね。頼れる人がいて、夢を現実にできたということが聞けてうれしいわ。だって私はコロンビアを出た瞬間から試練続きで『終わりのない悪夢』のような生活なのだから」

「好きだわ。『終わりのない悪夢』っていい表現ね。でもね、ケリー。いつか終わりは来るの。私はまさにその例なのよ」

初めての夜遊び

ある日、ドラに誘われて出かけることになった。その日はもう客はおらず、オキヤサンに店を早く閉めてもらうことにした。迎えにきたドラのボーイフレンド、アルベルトが言った。

「新宿にあるソン・デ・アスーカルというラテンクラブに行こう。コロンビアとイランジの場所だよ」

「イランジって何？」

「馬鹿《ボバ》ねぇ、イラン人の男たちよ、彼らは蜘蛛《アラーニャ》とかイランジと呼ばれているわ。知っておいた方がいいことがあるわ。彼らはとても魅力的。身体つきもね。でもすごくワルなの。ドラッグのマーケットを支配していて、コカイン、ヘロイン、マリファナ、エクスタシー、ドラッグなら何でも売るわよ。だから、彼らと関わったら警察に目をつけられるのと同じよ。しかも、イランジはコロンビア人の女性にとっても甘くて優しいの。時々マニージャの借金を払ったりもするのよ。でもそれを一度やったらあなたの人生は彼らのものも同然になるわ。だからイランジかマニージャ、どっちを取るかってとこね。売春婦から誰かの所有物に変わるってだけ。だから本当に気をつけるのよ」

二時間かけて着いたそのクラブは人でごった返していた。様々な年代のラテン系女性、ペルー人、イラン人男性、そして大勢のコロンビア人女性たち。売春婦や泥棒、ドラッグをまるでお菓子のように売りさばく売人たちがはびこる、とても低俗な世界だった。ラテン音楽、サルサ、メレンゲなど、コロンビアやペルー、メキシコで流行っている音楽や、耳障りの良いアラブかイランの音楽も流れていた。

ここはろくでもない場所だったが、コロンビアを思い出す音楽があることとマニージャがいないことだけは救いだった。みんな「仕事」の話をしている。いつ、誰が、どこで、どうやって盗みをするか。ひたすらマニージャ、売春婦、泥棒の話ばかり。私は二人と一緒に部屋の隅に座ると、ドラに言った。

「ねえ、お願いだから私から離れないでね。何かここは怖いわ」

「大丈夫よ、ケリー。ちょっと待ってて。お酒を買ってくるから。何がいい？　テキーラ？　アグアルディエンテ（サトウキビの蒸留酒）？」

「コロンビアのアグアルディエンテがいいわ」

ドラとアルベルトが踊りに行くと、私の心は音楽に乗って生まれ故郷のペレイラへ飛んでいった。そこにいるようないないような気持ちだった。そこに筋肉隆々であまり見かけないタイプの男性が近づいてきた。どこかチャーミングな感がある。

「オラ、かわいこちゃん《ボニータ》、わたし、マムート。あなたは？」

「初めまして。私はケリー」

「プリーズ、ゆっくり話して、オレ、スペイン語、ちょっとだけ。あなた、コロンビア人？　みんな、かわいいね。日本に来てどれくらい？」

「六カ月いるわ」

「あなた《マミ》、マニージャは？　五〇〇万払う？」

「今は四〇〇万円。もう一〇〇万円は払ったかしら」

「そう、たくさんのお金。ここのマニージャ、とても悪い。そう？」

「そう。その通り」

「でも、もし、マミ、助けて欲しい、オレ、助ける」

「ええ、ありがとう。でもここでは誰も私を助けられない。私が自分で入ってしまったんだから、自分で出なければならないの」

「オレ、あなた、ビックリしてる分かる。あなたはとてもかわいい《ボニータ》。会えてよかった。電話番号もらう、すぐ戻る」

　ドラが踊りから戻るとこう言った。

「彼が誰だか知ってる？　ルチャ・リブレ（メキシコ流プロレス）のチャンピオンよ。最後の試合で相手を殺してしまったの。だから、ここではみんな彼の言いなりよ」

「教えて。それで何て言われたの？　彼はシングルよ。誰もが彼に飛びつくところだけど、彼は誰にも興味を持たない」

「私だって誰にも興味を持たないわ。私はただ借金を返してコロンビアに帰るまで生き延びたいだけよ」

「分かったって。ここには楽しみに来たんだからね」

　私たちが踊り、楽しんでいたところに、さっきの男がまた現れた。

「あなたの踊り、かわいい《ボニート》。オレだけのため、踊ってくれる？」

「ああ、ありがとう」

「あなたはボニータ。わたし、あなたに夢中。どこに住んでる？　あなたのマニージャ、誰？　どこで働いてる？　どこの道？」

「マニージャの名前はカロリーナ。私はここから遠い田舎町のオミセで働いているの」

「オレ、あなたに夢中。電話番号下さい。電話するから。あなたにわたしのハートをあげる」

　ドラが口を挟んだ。

「ほら、ケリー。電話番号を渡しなよ。日本では彼のような人と友達になっておいたがいいわよ。理由も説明するから」

　マムートがしつこかったので電話番号を渡した。その晩ずっと彼は私を気遣い、甘い言葉をかけてきた。スペイン語はあまり話さなかったが、楽しい時間を過ごした。私と同じ状況にある他のコロンビア人の女の子たちや窃盗団の男の子たちとも出会った。

　彼らの電話番号をメモしながら思った。もし、いつか逃げたい時には、誰かが助けてくれるかも知れない。その日、私は自分のマニージャが誰なのかは秘密にしていた。ただマムートだけには教えた。イラン人たちはマニージャを嫌っていて、決してその存在を受け入れることはなかった。しかし本当はマムートにさえも秘密にしておくべきだった。もしマニージャが私がここにいたことを知ったら、不服従の罰金を科せられただろう。日本では罰はすべてお金で払わされる。そして、そのお金がなければ命で。

ラテンクラブ「ラ・カベルナ」

　ある日、ドラが提案した。

「ケリー、ラ・カベルナに行くわよ。ここからすぐのところにあるラテンクラブ。従兄弟《いとこ》がいるから、ちょっとだけ彼に会いに行きましょう。」

「ちょっとだけよ。マニージャに見つかりたくないから。もし彼女がこのことを知ったらどんな問題になるか、想像できる?」

「もうケリーったら！　また始まった」

「そうよね。忘れるわ。行ってみましょう」

　ラ・カベルナは少し狭かったがダンスフロアがあった。人でごった返していて歩けないくらいだ。このクラブも前に行ったクラブと変わらずうっとうしく低俗だった。

ここは路上やオミセ、ディスコでも常に大多数を占めるコロンビア人女性でいっぱいだった。そして他にもベネズエラ人、ブラジル人、メキシコ人、ペルー人、ロシア人にフィリピン人の女性たちがいた。その後ドラの従兄弟と一緒に外に出ると、なんと池袋で友達になったパトリシアがいた。

「ケリー！　こんな所で何してるの!?　あなたを売っちゃったかと思ってたわ。あなたを探してたのよ。心配してたわ。あの事件の後、マニージャがあなたを売っちゃったかと思ってたわ。まだ意識がない時に病院に三回行って、意識が戻るようにあなたの耳に向かって話しかけてたんだけど、三回目の時に今度来たら入管《イミグレ》に電話するってマニージャに言われたのよ。あなたから離れるようにって。あなたには自分がいるから友達は要らないって言われたのよ」

「え？　信じられない。私にはあなたは私のことなんてどうでもいいと思っているって言ってたわ。しかも、あなたに電話して呼んだのに、あなたが問題に巻き込まれたくないと言って来なかったって」

「あのメス犬は最悪ね。あの女は感情もないし、あなたのことなんてどうでもよかったのね。ただ、支払いして欲しいだけ。彼女にとって私は脅威なのよ。もう私は支払いを済ませててやりたいことができる。どうにかしてあなたを助けることだってできる。だから、あなたから私を離したのよ」

「そうね。でも、もうどうだっていいわ。後でもっと話しましょう。ほら、これが私の番号よ、メモして。今はイナカのオミセで働いているの。もしよかったら、友達のドラからボスに話してもらって、あなたもそこで働けるか頼んでみるわよ。アパートもあるし、もしかしたら私と一緒に住めるかもしれない。どう？」

「もちろんよ、お姫様《ミ・レイナ》。断るわけないわ」

「じゃあ友達が車で待っているからもう行くわね。明日電話して。すぐに仕事を始められるか聞いてみるから」

「ケリー、あの日、病室での姿を見ているから、生きてるあなたに会えて本当にうれしいわ。大好きよ」

「その話はやめてよ……私も会えてうれしい。大好き。ああ、病院で助けてくれてありがとう。あなたのおかげで生きてるのよ。じゃあね」

「ケリー、もう行くわよ」とドラが言った。

「ええ、ドラ。ごめんなさい。どうしても彼女と話さなければならなかったの」

「彼女は誰？　あなたのマニージャのタレント？」

「いいえ、パトリシアは池袋に着いた日に出会った友達よ。それにヤクザに襲われた時に助けてくれた人なの」

「そう、よかったじゃない！　会えてうれしい？」

「ええ、とっても。パトリシアは本当の友達なの。ドラ、彼女もオミセで働けると思う？」

「ええ、もちろんよ。あと二、三人は必要だと思うわ。安心して。手伝ってあげる」

「ありがとう！　そうしてくれたら本当にうれしい」

「家についたらオキヤサンに電話してみるわ」

イラン人マムート

午前三時に電話が鳴った。ちょうど仕事を終えたばかりで、電話は見たくもなかった。あの悪夢のマニージャからの電話だと思った。三度目の電話でバッグを探り、発信者通知を見るとマムートだった。

「ドラ、マムートだわ、あのイラン人よ。どうしよう？　出た方がいい？」

「そうね、出てみれば」

「もしもし?」

「オレ、マムート。あなたのボーイフレンド。ハッハッハ」

「私のボーイフレンド? 何言ってるの? あなたは私のボーイフレンドじゃないわ」

「そう、オレ、今もこれからもあなたのオトコ。あなたの愛と助けはココ、マニージャがふざけた真似をしないように」

「もし、私があなたと関わったら、それこそマニージャがひどいことをするわよ。ヤクザに売られるんじゃなかったら、それ以上のことをされるわ」

「ノー、マミ、そんなこと言わないで。あなたがオレのガールフレンドだったら、絶対、誰も関わらない。ココではみんな、オレの言うこと聞く」

「マムート、そのことを話すのはやめましょう」

マムートは私を朝食に誘うために電話したのだった。

「一緒に朝ごはん行こう」

「でも、私、友達のドラといるのよね」

「ペルー人の?」

「そう、彼女」

「大丈夫。じゃあドラも一緒に。それじゃ、二時間後に会う。駅、着いたら電話する」

「オーケー、じゃあね」

「アミーガ! びっくりして、ドキドキしてるわ。もしかして私、マムートが好きなのかしら?」

「そうね、そうかもしれないわね。でもあなたはとても傷つきやすいから、一番初めに現れた人にすがろうとしているのかもしれないわよ」

「そういうことかしら」

「ケリー、悪く思わないで欲しいんだけど、ひとつアドバイスを聞いてね。イラン人はコロンビア女性と恋に落ちるのが好きなのよ。彼らは女性たちをとっても甘く、特別に扱うの。宝石や服やプレゼントをあげて、女性がすっかり恋に落ちた時、彼らのために働かせるのよ。あなたの場合そうじゃないといいんだけど……」

「じゃあ、どうしよう？　電話してマニージャがこっちに来るって言って断ろうかしら」

「いいえ、それもやめて。うまいことやりましょう。だって彼はいいわよ。日本では彼がそばにいるのは強みになるから。ここでは誰もイラン人を敵に回したがらないわ」

「でもどうして？　イラン人が何だっていうの？」

「彼らは世界でも喧嘩好きで知られていて、残酷で、自分の母親でさえ心の痛みを感じずに殺すことができるって。だって、彼らがやることは全部神の命令だっていうんだから」

「ええ？　ドラ！　やっぱりいやだわ。怖い」

「ケリー、落ち着いて。さっき言ったでしょ、落ち着いてうまく扱うのよ。あ！　まだ言ってなかったけど、彼、あのディスコのソン・デ・アスーカルで親友を殺したのよ」

「親友を殺したって？　どうして？」

「その親友は渋谷でドラッグを売っていたんだけど、おしゃべりだったのよ。そのせいでマムートの兄弟が捕まったから、ソン・デ・アスーカルまでつけていってそこで彼を殺したの。みんなの目の前で起きたことだから、誰もがマムートが殺したって知ってる。親友を殺してキスをして泣いた後でフロアの真ん中にその親友を残して去ってしまったんだから」

「ああ、ドラ！　もうどうしたらいいか分からないわ。私がどこまでの深みにはまってしまったか……。売春婦の私、人殺しのイラン人の友達、そして精神を病んでいる狂ったマニージャ。これが私の新しい家族《ファミリア》よ。これが私にふさわしい？　ああ、私は裕福な家庭に生まれたわけじゃないけど、それなりの信条と価値観を持っているわ。母は尊重と誠実という価値観を教えてくれた。もし母がこんな私を見たら自殺しちゃうわ」

「そんなに自分に厳しくならないで。あなたが日本にいるのは現実のこと。でも、あなたは好きでこんな生活をしているわけじゃない。ただ、多額の借金を払わなければならない。だからそんな風に自分を追い詰めないの。強くなって今ある問題を解決していかなくちゃいけない。どうやってここから抜け出すかだけを考えるのよ。それからドラッグには絶対に手を出しちゃダメよ。借金を払えば日本から出て売春婦をやめることができる。でも、ドラッグにはまったら、頭からも血からも離れなくなるから気をつけるのよ」

「しないわよ！　私がドラッグ？　タバコも吸わないしお酒だってほとんど飲まないのよ」

「ええ、知ってるわ。だから注意してるの。あなたの人生が日本で終わって欲しくないから。そんなものに負けないで。あのヤクザがあなたを殺さなかったのは神様が何かしらの理由で生かしてくれたからなのよ。その理由は日本以外の世界のどこかにあるかもしれない。だからこのことはもう忘れて。さあ、マムートが来る前におめかししなくちゃ」

マムートを迎えに駅に行った。

「ドキドキしてきたわ！　でもこれがマムートのことをいろいろ聞いたからなのか、彼のことが好きだからなのかもう分からないわ」

「馬鹿ねえ。もうその話はやめて」

「ほら、来るわ。あの人、恋に落ちてるわね。あなたのために花を持って東京から電車で来るなんて」

「やあ《オラ》、美しいね。この花はあなたのため」

「ありがとう、とってもすてきだわ」

「それだけ？　オレ、全部、あなたのアモール、だからキスして」

　目を閉じて彼にそっとキスをした。私の肌を信じられない感覚が駆け巡り、血が熱く沸いているのを感じた。本来の自分に戻り、元の感覚を取り戻し、お金のためでなく人を求め、求められたいと願った。まるで生まれ変わったみたい！

「どうして下を見る？　違う、わたしの目を見て。あなた、美しくて大切。売春婦じゃない。オーケー？あなたはオレのお姫様」

　手をつないで出発し、レストランを探しに行った。ドラと、マムートよりもスペイン語が上手なマムートの子分三人と出かけた。かわいらしいレストランに着いた。マムートが頼んだ食べ物はどれも美味しかった。初めて日本で食事が美味しく感じられた。

「マムート、あなたはいつも何をしているの？　どんな仕事をしている？　ガールフレンドはいるの？あなたについて教えてよ」

「一度にたくさん質問があるね。でも答える。オレはシングル、ガールフレンドの名前はケリー、あなた。ビジネスを持ってて渋谷と新宿でドラッグを売るビジネスある。イラクからドラッグ持ってくる人、ここで売る人と仕事する。オレはドラッグやらない。行ったり来たりで日本にはあまりいない。六つの言葉を話す。あと、少しスペイン語。プロレスのチャンピオンで、ケリーという美しいコロンビア人に恋している」

「もう、マムートったら！　いつもこんな感じで女の子の心を奪っているの？」

「ホントに違う、あなたみたいに夢中になった女性いない。あなたと出会ってから、あなたが頭から離れない」

「あら、そう！　男性はみんなそう言うのよ……そうやって女性を悩ますんだから」

「ノー、マミ。オレ、違う。それより、あなたにアイディアある。『愛してる』と証明するために」

「え？　何ですって？」

「あなたのマニージャ、殺して欲しい？　オレが首を切ってやるよ。アラーの神は女性を悪く扱うの許さない。そうしたらもう問題ない」

「え？　冗談でしょ？」

「どうしてダメ？　マニージャはあなたに悪いことしてる。あなた、マニージャのために売春する、そして苦しむ。あなたの国と家族から離れてる。どうして殺しちゃダメ？」

「だって、私は他人の命をどうするか決める人ではないのよ。それは神だけが決めるの、私じゃないわ」

「アラーの神はマニージャみたいな人いらない」

「ノー！　違う、違うわ！　もう家に帰りたい。もう私に会いに来ないで！　私はあなたのガールフレンドでも何でもないから、もうほっといて」

「ケリー、トイレに行ってちょっと落ち着こう」

　とドラが私に言った。

　ショックと胸の重みでトイレまでまともに歩けなかった。

「これはどこか他の世界のことではないわ。そんな風に取らないで」

「何？　ドラまでそんなことを？　ねえお願い《ポル・ディオス》、私はなんて人たちといるの？　何なのこれは？」

「あのね、私はこれまで人どころか蠅を殺したこともないくらいよ。だけど、マムートが言っているみたいにマニージャがここで終わったっていいと思うの。逃げたらコロンビアの家族を殺すとか言ってあなたをどれだけ脅迫していることか。どうして今さらマニージャのことでそんなに気が重くなるの。あなたのためにあの女を消してあげるっていう人がいるんだから。あなたは実際に関わらないんだし。一人のコロンビア人売春婦が自分のマニージャを殺させたなんて誰が信じる？　ねえ、誰が？」

「もう、ドラってば！　もう私には行き過ぎた話だわ。あの女を心のそこから憎んでいるのは確かだけどそこまでじゃない。私が生きているうちにいつか私にしていることの代償を払わせるって誓うけどそういう形じゃない。それは誓うわ」

「わかった。じゃあマムートが言ったことは忘れましょう。でも、彼からは離れないで。彼は日本にいる間、あなたを守ってくれる。あなたがガールフレンドだって分かったらたとえヤクザでさえもあなたに手を出さない。ここで力を持っているイラン人の中でも彼は一番強い人なんだから。彼から離れちゃダメよ。これだけは聞いて。じゃあ戻るわよ。私が言ったことは忘れてボーイフレンドとして彼を受け入れるの。絶対に役に立つから」

「でも、でも……」

「もう泣かないの。お人好しで、甘えたこと言っている場合じゃないわ。あなたは日本にいるんだからしっかりしてよ」

「分かったわ」

「もう行くわよ。テーブルに戻って、彼の前では何事もなかったようにして。あなたには彼が必要よ」

テーブルに戻ると、マムートは言った。

「大丈夫？　ごめん、オレ、悪い人と思わないで。あなた幸せでいてほしいだけ。プリーズ」

　私たちは楽しい時間を過ごし、駅でお別れをした。

「いつもあなた、幸せでいて欲しい。あなた、マニージャが問題の時はコール・ミー」

「ええ、そうね。今日は朝食をどうもありがとう」


　マムートはことある毎に電話を掛けてきた。時折、私が横浜や川崎で働いている間に会ったりもした。私たちの間にはすばらしい友情があり、彼がイランに戻るまで、私が落ち込んでいる時にアドバイスをくれたり助けてくれたりした。何年か経って、マムートがイランでナイフで刺殺されたと聞いた。空港を出る時を狙って、何人もの男たちがナイフで刺し殺そうと待ち構えていたのだ。どうやら、これは日本で目論まれたことだったようだ。でも、マムートがどこにいようと、たとえ彼の死が本当だったとしても、彼が私にくれた美しい思い出に感謝している。私が日本で売春婦をしているということを、しばしの間でも忘れさせてくれた人だから。

くそったれな仕事

　いつも通りオキヤサンとオミセに着くと、外で一人の男が落ちつかなそうに待っていた。

「オキヤサン、あの唾液の入れ物の人がいますよ」

「何？　ドラ、何の話？」

「唾液のお客よ。唾液を入れ物いっぱいにすると千円払うのよ」

「ええ？　そんな汚いことといやだわ」

「入れ物いっぱいに唾液を入れると、部屋で体中にそれを塗ってマスターベーションするの。唾液が乾くまでつま先から頭のてっぺんまで自分でマッサージして、最後にマスターベーションする。そして狂ったように叫ぶの。どうしてそんなに興奮するんだか分からないんだけど」

「そんな人たちは完全に異常よ。本当にいや。どうしてそんなことで興奮できるわけ?」

「でも彼はそれが好きなんだから、私たちがどうしようっていうの」

その男は言っていた通りに、私たち一人ひとりに入れ物にできるだけ唾を吐かせてそれにお金を支払った。私にしてみれば完全にばかげたことだったが、そんなものは序の口だった。

オミセからオキヤサンが呼んだ。

「ケリー、ケリー」

「はい、セニョール」

「彼が今日はケリーを指名したいって。特別なお客で、たくさん払ってくれる。だけどいつもと違うことをしなくてはならないよ」

オキヤサンが日本語で話してきたので私は何を言っているのかちっとも分からなかったが、ドラが男の顔を見て全部教えてくれた。

「ああ! また?」

「何? 彼は誰? ヤクザなの? 悪い人?」

「なんていうか、特に悪い人ではないけど、とても不快な思いをするわ。たくさん払ってはくれるんだけどね」

「どうして? 何なの? 私、彼に指名されたのよ」

「じゃあ説明するわ。残念ながら彼にはノーと言えないわよ。あなたを選んだんだから、そうでしょ?」

「そう、だからオキヤサンに呼ばれたの」

「アミーガ、心の準備をして。唾液のやつが気持ち悪いと思ったでしょうけど、こっちの方が本物よ」

「ええ！　やらなきゃいけないくそったれ《ミエルダ》な仕事が何だかさっさと教えてよ」

「今言った通り、まさにミエルダなのよ」

「え？」

「そう、彼と部屋に入って彼が素っ裸になるでしょ。そしてあなたがウンチをする、彼の顔にクソするの」

「何ですって？　そんな訳ないでしょ？」

「あるの！　それであなたのトオカと同じくらいのお金を払ってくれるのよ。彼があなたを指名したんだからイヤとは言えないの」

「でもトイレになんて行きたくもないし。それどころか私いつも便秘で困ってるのよ。無理だわ。そんなことできないから、私ここを追い出されるのね」

「ディオス・ミーオ！　もう、駄々こねたって始まらないの。逃げ道もないし、やらない訳にいかないのよ。それにオキヤサンが便秘に効く薬をくれるわ」

「いや、無理、私には無理よ」

「とにかくやらなくちゃダメなの。本当に甘やかされたお嬢さんの駄々を聞いてるヒマはないわ。というわけで、じゃあ頑張ってね、チャオ」

「ドラ、そんな風に言わないでよ。分かってよ。そんなの簡単じゃないわ」

「でもやらなきゃ。分かった？　バイバイ」

その客と部屋に入った。初めて入ったそこは特別客用のＶＩＰ室のようだった。オキヤサンが私に薬一錠と水を渡した。それを飲んで部屋に入って仰天した。その男はすでに興奮していたが、その姿は病的だった。ただ、人が良さそうな顔はしていた。彼のまなざしは愛情を求める独りの男性のものだった。

男が部屋に入り、裸になってお風呂に入ると私に裸になるように言った。ゆっくりと服を脱ぎ穏やかな音楽をかけて灯りを落とした。

男のペニスは他の日本人男性客のようにとても小さく、興奮した顔をしているものの、ペニスは全くもってその逆だった。私にトイレに行きたくなってきたかと聞いた。まだそんな感じはしなかった。

それから四〇分位経って腹痛が始まり、何度かお腹に激痛が走った。

男は私の表情を見るとすぐに床に寝そべり、私に彼の上で股を開き、橋のようにまたがって歩くように言った。そしておしっこをして、便意を感じたら、彼の口にするようにと注文した。私は死にたい気持ちになった。吐き気でめまいがした。

顔におしっこをかけると男は勃起し、顔は言いようのないほどの興奮した表情になった。彼はエクスタシーに達している。そして、自分の顔と口をウンチで汚すように注文した。私は男をまたいだまま、頭から足まで行ったり来たりすると、彼は私のアソコを眺めながらマスターベーションをした。男は私のおしっこの匂いを気に入っていた。どうかしてる《ディオス・ミーオ》！　お腹に強い痛みを感じ、トイレに行きたくなると、男は私の顔を見て言った。

「オーケー、オーケー。ここ、顔にするんだ」

待ち望んだこの瞬間が来て、男は幸福の絶頂にいた。私はその男の顔の上にウンチをした。自分の顔が汚れると、男はすぐに大量の射精をした。その間、私は強い吐き気に襲われていた。男は私のウンチを食べ、私が吐いている間もまた射精し、完全な幸福感に溺れていた。これは全部で三分ほどの出来事だったが、私には何時間にも感じられた。

私はトイレで吐ける限り吐いた。口から内臓を吐き出してしまいそうだ。こんなことはもう二度と、一生、絶対にしないと心に誓った。

トイレから出ると、男は私のウンチを全部たいらげて、まるでチョコレートのように味わっていた。私はトイレに戻り、また三〇分吐き続けた。やっと外に出るとお金がナイトテーブルに置かれていた。男はすでに部屋から去っていた。

シャワーを浴び一時間位経つと、オキヤサンと三人の掃除係の従業員が部屋に入ってきた。オキヤサンは言った。

「ケリー、よくやった。お客はとても喜んで、君に多額のチップを置いていったよ」

「ありがとう」

吐き気と不快感であまり反応できなかった。オキヤサンが腕をマッサージした。『こんなことは簡単ではないのは知っている。よくやった』と言わんとばかりに。部屋を出て自分の小部屋に戻るとドラの声がした。

「ケリーなの？　どうだった？　できた？」

「うん、でも、もうその話はしたくないわ」

「オーケー、したくないならいいわ。どんなだったか良く分かるわ。私も前にやったから」

マッサージ用の小さなベッドに寄りかかり、涙が出なくなるまで泣き続けた。幸運なことに、その日、他のお客は来なかった。悲しみが体中に溢れた。説明のしようがない絶望感と孤独が入り混じった気持ちだった。

パトリシアとのアパート生活

ドラがいい知らせを持ってきた。

「ラ・カベルナで会ったあなたの友達のこと、ボスに話したら呼んでいいって。できるなら明日すぐにでも必要って言ってるわ」

「もうボスと話してくれたの？　それでいいって？　今すぐパトリシアに電話するわ。きっと今日すぐに来るわ。本当にありがとう」

「そうして。全部荷物持ってくるように言うのよ。もう決まったんだから。それに、あなたのお友達だから一緒にアパートに住んだらいいと思うって提案したらすぐにオーケー出したわよ」

「本当に？　じゃあ、早速パトリシアに電話して、今日来てって伝えるわ」


「もしもし？　パティ？」

「そうよ、オラ、ケリー、元気？」

「元気よ。あのね、とってもいいニュースがあるの。友達のドラがボスに話してくれて、今日から私のアパートに来て、すぐに働き始められるって」

「本当に？　ちょうどいいわ。彼氏と別れたから。じゃあこれから荷物詰めて、できるだけ早くそっちに行くわ。着く時に連絡するから」

「楽しみに待ってる。話したいことがたくさんあるわ」

「そうね。どうもありがとう」

オミセの従業員である二人のチンピラと私は駅に向かった。

パトリシアに会って私は言った。

「アミーガ！　うれしい！」

「私も会えてうれしいわ。ほら、ハグしてよ」

「ねえ、この二人はボスの従業員よ。後でいろいろ説明するから、アパートに荷物を置いたら、まずはオミセに行くわよ」

「オーケー。ここじゃあなたが案内役ね」

「ここは何でも近くにあるの。オミセはここから二ブロック、アパートも大体同じくらい。駅はその中間にあるわ」

　アパートに着くとドラに説明した。

「見て、ここがアパート。ね？　必要なものは何でも揃っているわ。一番すばらしいのは、家賃を払わなくていいこと」


　仕事場に着いてパトリシアをオキヤサンに紹介した。みんなによくしてくれたので、私たちは彼を父のように慕っていた。パトリシアはこの仕事場や他の女の子、新しい働き方にうまく馴染んだ。

　私はパトリシアと一緒にいられて本当にうれしかった。ドラも同じように特別な友達ではあるけれど、一緒に生活はしていなかった。人間は身近にいる他人にすがりたくなるものだ。自分によくしてくれる人なら家族のように思うことができる。それは、孤独や愛する人たちの近くにいられない悲しみからくるのだろう。

　だから、私たちは、愛情を求め、身寄りがないことを日々感じないように、ここで新しい仲間との生活を受け入れるのだ。

　その晩、私たちはお姫様のようにすやすやと眠った。

朝起きて幸せな気分で朝食を食べていると、あの不快な携帯の呼び出し音がなった。マニージャだった。

「ケリー、元気かい。これからトオカをもらうついでにあんたの様子を見にいくよ。今からそっちに向かうから」

「はい。じゃあここで待っています」

「どうしよう？　あなたのマニージャに見つかりたくないわ」

とパトリシアが言った。

「私もよ。三ブロック離れたところにスーパーがあるから、そこで待ってて。マニージャが帰ったら電話するから」

朝食を食べた後、パトリシアは約束通りスーパーに行った。それから三〇分してマニージャが到着した。

「ケリー、あたしだよ。開けな」

「はい、今行きます」

「で、どうだい？　さっさと勘定してしまおう。あまり時間がないからね。私のお金、持ってるかい？」

「はい、セニョーラ、言う通りに」

「どれ、お金はどこだい？　いつも言っているように封筒に入っていないじゃないか」

「封筒には入ってませんがお金はここにあります。何が気に入らないんですか。あなたは何ひとつ気に入らないんですから。これを持って、もう行って下さい」

「何だって？　いつからそんな口をきくようになったんだい？」

私の首を掴んで、壁に押し付けながら言った。

「小生意気に。あたしにそんな口を聞くんじゃないよ、高慢な態度をとるなんてもってのほかだ。あんたをヤクザに売っちまうことだってできるんだから……あんたを売ることであたしはもっと儲かるってことを忘れるんじゃないよ。ここですずめの涙みたいなお金を集めるよりよっぽど割がいいんだから」

動けなかった。息ができないところまできてやっと手を離して言った。

「ああ、今度そんな風に話してごらん。あんたを殺すからね。いやらしいメス犬め」

私はしゃがみこみ、うなだれたまま首をさすっていた。歩きかけたマニージャは振り返り、三歩戻ると、私の背中に蹴りを入れた。

「私を怒らせるんじゃないよ、あさましいメス犬め」

と言い残し、去っていった。

マニージャが行ってしまったことを確認して、パトリシアに電話をした。

「パティー、もう帰ったわ」

と呻きながら言った。

「どうしたの？　あの女が何をしたの？　泣いているの？」

「いいえ、何でもないわ。帰ってきたら話すから」

パトリシアが帰ってくるまで、泣きながらあの女の悪口を叫び、クッションを力いっぱい壁にぶつけた。

『大嫌い、最悪の女、憎らしい。神に誓って、いつかこのすべての代償を払わせるわ。あのろくでなし』

憎悪と怒りをクッションにぶつけた。

パトリシアがスーパーから戻った。

「何があったの？　どうして泣いているの？」

「ああ《アイ》！　あのひどい女、どうしていつも放っておいてはくれないの」

「でも何をされたのよ？　なんで首が赤いの？　殴られたの？」

「ええ、口答えしたら、首を掴んでまたヤクザに売るって、いつも通り脅してきたのよ」

「許してね。あの女と二人っきりにさせるべきじゃなかったわ」

「あなたのせいじゃないわ。それに、もしあなたが見てたら、もっとひどいことになっていたし」

　パトリシアと一緒に住み始めてから三カ月が過ぎ、私たちは幸せに生活していた。マニージャが電話でいやがらせをしたり、トオカで来たりする時以外は。それでも全体的に見ればいい生活だったのだ。私たちは姉妹か、それ以上の関係だった。姉妹はケンカをするけれど、私たちはお互いを完璧に理解し合っていた。

　その頃、私はオミセのオーナーである、ヤクザのボスと時々出かけた。彼といるととてもいい気分になる。気配りがきき、特別に扱ってくれる。ヤクザのことをそんな風に感じるようになるなんて夢にも思わなかった。

Historia 4

ヤクザ

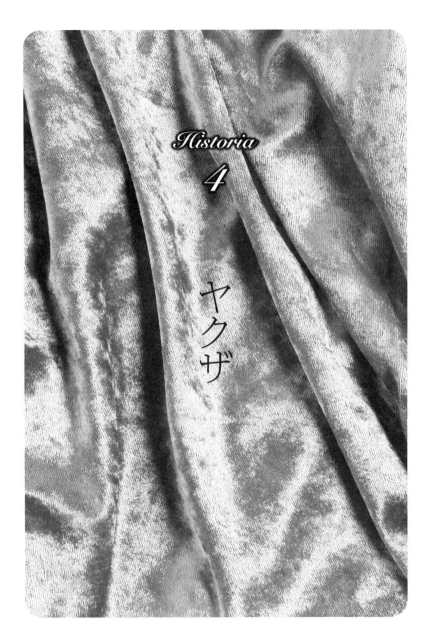

ヤクザとの甘く刺激的な夜

仕事をしているとオキヤサンが私を呼んだ。

「ボスが食事に連れて行きたいそうだ。今日はとても特別な場所に行くから、後で自分の決断を後悔しないように二人の仲良し友達のうち、好きな方を一人を選んで連れて行くように」

「好きな方一人ってどういうことですか？　どうしてですか？」

「分からない。とても特別な夜だからだろう」

「分かりました。じゃあパティーと行きます。ドラとは別の機会に一緒に行きましたから」

「ではパティーのところに行きなさい。アパートまで二人のエスコートが連れていくから準備するんだ。ボスは二時間後に迎えにくる。ああ、ケリー、忘れていた。ボスからの伝言がある。アパートの布団の上に何かが置いてあるそうだ」

「何でしょう？」

「さあね。じゃあ行きなさい。そんなに質問ばかりしてないで」


「パティー、忙しい？　お客さんといるの？」

「いいえ、最後のお客さんが帰ったところよ」

「行きましょう。ボスが食事に連れて行ってくれるって」

「ええ？　また？　あの人はあなたといるのが好きなのよ。残念ね、いつも私は脇役なんだから」

「そんなこと言わないでよ。ボスはあなたが私の友達だって知ってるから、ドラとあなたのどちらかを選べって言ったんだわ」

「何を選ぶの？　変なの。そうじゃない？」

「ええ。オキヤサンにそう言ったわよ。まあ、ボスに会う時はいつも二人のどっちかと行くけどね」

「そうね。じゃあ行きましょう。少しの間でも女王のように生きましょうよ。あの人はあなたに本当に親切なんだから」

「ええ、行きましょう。あっ、ドラに声かけてくるから待ってて」


「ドラ、いる？　お客さんといるの？」

「いいえ、一人よ。どうぞ」

「ボスとまた食事に出かけるの。今日はパティーと行くわ」

「わかった。気をつけて、いい子にするのよ」

「ドラ、今日、私はボスとセックスすると思う？　ああ、彼だったらほんとに食べちゃいたいわ」

「そうかもね。今日こそは彼をゲットするかもね。あなたならできるわよ。彼は本当に特別な人ね。彼のあなたへの心遣いときたら。何か感じるものがあって、あなたのこととっても好きだからよ」

「そう思う？　まあ、とにかく今日はそうなると思うわ。じゃあ後で報告するね。大好きよ！」

ドラに投げキスを飛ばした。

「もう、そんな甘ったるいこと言ってないで。ちょっと行ってくるだけでしょ。後でまた話しましょう。もう一生会わないみたいじゃない」

「ただあなたのことが大好きって知っておいて欲しいだけ」

「馬鹿《ボバ》ねえ、もう行きなさい」

パティと私は、二人のエスコートに連れられてアパートに着いた。私たちを降ろすと彼らは言った。

「少ししたら、迎えにきます」

「分かりました。グラシアス」

アパートの私の布団の上には、赤いバラ、きらきら光る黒いドレス、そして十二個のダイアモンドがついた美しいプラチナのネックレスが置いてあった。

「パティー、見てよ……。すごい！　ダイアモンドかしら？」

「あなたは無邪気過ぎて、時々笑っちゃうわ」

「何でそんなことを言うの？　どうして笑うのよ？」

「だって、ヤクザの中でも一番のヤクザが、ジルコニア（人工ダイアモンド）のネックレスをプレゼントすると思う？もう、しっかりしてよ」

「まあそうよね」

「間違いなくダイアモンドで、何カラットもあるわよ」

「手紙を見て！　でも英語で書いてある。何て書いてあるのかしら？　私が分かるのは『ケリーへ、サトウより』っていうところだけよ。高校で勉強した英語を思い出してみるわ。よく補習してた科目だけどね。あはは」

「間抜けなこと言って、何て書いてあるか見せて」

「英語できるって自慢するんでしょう」

「ネックレスを首元に輝かせ、髪は耳元にカールを残し、あとはまとめるように。ドレスを美しく着こなし、パンティーははかないように、だって」

「パティー、あなた、英語なんて分からないでしょ。私をからかってるの、ねえ？」

「からかってる？　馬鹿言ってるの？　私の英語は完璧じゃないけど、読み書きはできるわ。ただ、話せないだけ。でもそう書いてあるって。神に誓うわ」

「パンティーをはくな、って？　今日こそ、あの人と一緒になるっていう願望が叶うのね。ついにあの桃色でつやつやした唇にキスして、彼の刺青を見つめて、彼の鼓動を私の胸に感じるんだわ。ああ、考えるだけでその欲望で濡れちゃうわ」

「あなたって理解できないわ。今も、これからも。毎日日本人が大嫌いって繰り返してるけど、どこまでだか知ったもんじゃないわね。ボスはこれ以上ない日本人顔なのに」

「でもね、あのひとは違うの。だって、いつも日本人男性の相手をしなくちゃいけないんだから、嫌悪感を持つのは普通でしょ？　でも見てよ、あの美しく、整った顔、あの香りに服装……エレガントな刺青、彼の歯、影響力、あの人のぜ～んぶが好きなの」

「ええまあ、あの人には魅力的なところもあるわ。けど、あなたが言うほどじゃないわよ」

「私があの人に夢中になっちゃう理由が二つあると思うの。私と一緒にいる時、彼は世界中で一番ロマンチックで紳士的だわ。彼の権力と立場を考えたら、セックスするように強要することだって簡単にできる。私のボスなんだから、私は何も言えないし。だけど、そうじゃないの。彼は私をリスペクトして、セクシーに振る舞い、私を刺激する。なのに、田舎に住むガールフレンドのように、家に帰すんだから。でも神に誓うわ、パティー。今日はそうならない。これまで他の誰もしたことがないほどに甘く彼の身体を愛するわ」

「そうそう……その通り！　でも彼が女性を欲しいと思ったら、誰だって手に入れられるでしょうけど」

「まあ、そうかもしれないけど、私みたいな女はいないわよ。どうしてか分かる？　私はこの国に着いてから、女性としては死んだも同然よ。でも彼だけは、求められているという気持ちにしてくれて、彼といると私は女性なんだと感じることができるの。だから、彼となら私の熱望を溢れ出させることができるわ。ああ、シャワーを浴びてスキンヘッドの王子様のために美しくならなくちゃ」

「じゃあその間、私も何を着るか考えよう。だって、彼と出かける時は、私でさえも日本にいるただの売春婦だってことを忘れちゃうんだから」

それから二時間、私は少したりとも余すことなく肌を洗い、クリームと香水をつけた。彼の注文通り、髪を結い上げると、天使のようだと褒められる顔を金髪のカールが縁取った。私はきらきら輝く長いドレスを身につけ、香水が香る長い首に美しいダイアモンドのネックレスを飾った。一〇センチ以上あるハイヒールを履くと、私の肌の白さが際立ち、フレンチネイルの白い爪先が見え隠れした。愛欲に溢れた私は、情熱と性的な魅力に少しの柔らかさを加えた姿で、とても優雅に歩いた。

外に出ると、黒いスモークを貼った車が二台停まっていた。前の車に乗ろうとすると、二人のエスコートが私を止めて言った。

「パトリシアはこちらに、あなたはボスと後ろの車に乗るんだ」

もう数歩歩くと、とてもエレガントな黒いスーツに身を包み、ハンドバッグを手にしたボスのサトウが車から現れた。そしてすべての紳士がそうするように、私に手を差し出した。今までこの車に乗ったことはなかった。バー付きのリムジンで革張りのシート、テレビ、ステレオ、シャンデリア、グラスにシャンパン。ボスと私、二人きりだ。彼の眼差しで、私は自分がセクシーで魅力的な気持ちになった。通訳はいない。完全に二人だけ。ただ聞こえるのは、前にいる運転手が日本の歌を歌っている声だけだ。

サトウは私を優しく、愛欲と情熱のこもった目で見た。私の手にあるバラを取り、花びらを一枚ずつめくり取ると、私の胸や首に上下にゆっくりと這わせた。苺の入ったグラスにシャンパンを注ぎ、私の身体中を見つめた。私の脚を撫でながら、その手を股の間に向かって這わせた。

私は、もうこれ以上抑えられなくなっていた。しかし、彼が気に入らないことをしてこの瞬間を壊してしまうことを恐れて動けかった。心臓が時速一〇〇万回のスピードで鼓動し、手には汗を握った。私は完全に濡れていた。膣《ヴァヒーナ》が膨張しているのが分かった……。

サトウは私に一瞬近づき、口づけをした。こんな風にキスをされたことはなかった。いつも近づき、私の唇をかすめて終わりだったのに。その時は、彼の湿った唇が、私の唇を愛撫するのを感じ、彼の舌が私のと絡み合うのを感じた。魅惑的なシナモンの味が私の舌を刺激した。二人は完全に結ばれている。愛欲と喜びに呻いていた。

しばらく唇を交わらせると、サトウが私の脚の間に指を潜り込ませた。膣が完全に濡れているのを感じる。彼はその濡れた指を出し、キスをしている二人の口の間に持ってくると、その指を味わった。

もうこのまま抑えられないと彼も感じたようだった。この美しく、魅惑的な時間を一旦止めると、グラスを手に取り、私たちは乾杯した。言葉は交わさず、互いに見つめあった。私は色気溢れる視線で彼を見つめながら、脚で彼の脚を撫でた。

車が停まり、運転手が窓をノックして言った。

「到着しました」

「オーケー。すぐ降りる」

サトウは私を見て、手を取り、両手に口づけをしながら、彼の両手を私の手の上に重ねた。私の脚の間に入れた指を美味しそうに舐めると、私の額にキスをし、車を降りるように合図した。

着いたのは山間部のようだった。見えたのは二つの松明《たいまつ》だけ。パトリシアが一人のヤクザに付き添われ、もう一台の車から降りてきた。見たことはなかったが、サトウとの親しそうな話し方を見ると、とても良い友達のようだった。彼もパトリシアに気があるようだった。

「ねえ、ケリー！　あの人見た？　私のこと、気に入っているみたい」

「でもあなたは興味ないんじゃなかったの？」

「いいえ、あの人はいいわよ。でも、あなた、自分を見なさいよ。真っ赤よ。あの結ってた髪はどうなったの？　サトウが取っちゃったの？　あ、失礼！　ボス、よね。アハハ！」

「ええ、もう少しでセックスするところだったわよ。私にとっては、それ以上だったわ。ほら行くわよ。後で話すから。私が無視しているって彼に思われたくないから。今夜は彼が私のベイビーなの」

そこはとても華々しい料亭だった。入り口には着物を着た美しい日本女性が二人いた。ゲイシャのような化粧をした彼女たちは、様々なＶＩＰルームがあるこの場所の入り口を飾っていた。部屋を通ると、小さいグループがセミプライベートルームにいるのが見えた。奥には大きな部屋があり、その壁には風景画が描かれ、龍や仏像など、これまで見たことがないような壁画もあった。なんて豪華なインテリアなんだろう。中央には準備の整った巨大なテーブルがあった。私たちは日本の習慣の通り、靴を脱ぎ、その周りに座った。サトウも私と同じようにこの美しい場所にうっとりして、友達と話しながら私の隣に座った。

料亭の給仕人たちがそれぞれ違った料理の皿を手に、列を作り、まるでビュッフェであるかの様にテーブルに並べていった。料理はとてもきれいに飾られていた。たくさんの種類の寿司があり、他にもいろいろな料理があった。

お酒が運ばれ、みんなで乾杯すると、人前で初めてサトウが私に感情をこめたキスをした。みんな、ボスと私のそんな姿を見たことがなかったので、衝撃を受けて、驚いていた。

サトウの友達のヤクザはスペイン語を話した。彼は女性を連れてくるためによくコロンビアに行くと言い、メデジンの街のことを話した。

サトウと私は別世界にいた。私たちは笑い、お酒を飲み、そうこうしているうちにレストランに残っているのは私たちのグループだけになった。他の部屋の客が出ると、私たちは歌い、この場所を存分に楽しんだ。

私は日本の音楽をかけるように頼むと、酔いに任せて腰を官能的に動かし踊った。私がショーの女王となり、みんなが注目した。私はサトウに色っぽい仕草を見せる。とても柔らかなバラードが流れ、私はゆっくりと誘惑するように動いた。みんなが私に拍手を送ると、サトウはうれしそうにした。彼はさらにグラス二杯ほどお酒を飲んで、私に近づきこう言った。

「ああ、もう二時だ。もう間もなく、入管《イミグレ》が店に来る。そして、そこにいるすべての女性を連れ去る。だから今日呼び出したのだ」

私はチンピラを呼んだ。

「ねえちょっと来て。ボスが何かを言っているけど、私、よく分からなかったみたい」

「もうイミグレが着いて、友達のドラや他の女性たちをみんな連れて行くだろう、と言っている。だから、出る前に二人の友達のどちらかを選ぶように言ったんだ。後悔しないように好きな方を、と」

「うそ、冗談でしょ?」

「いや、冗談なんかじゃない。毎年、ボスはイミグレと交渉して、数人の女を引き渡すことで、うまく仕事できるようにしているんだ。一年の大方の時間を穏やかに過ごすため、その女たちを引換えにするのさ。街で手入れをしているって警察とメディアが見せるため。それだけだよ。ただ、知られていないのは、それがうまいこと計画されているということだ」

「ああ、私、気持ちが悪くなってきた。トイレに行ってきます」

「何か変なことをしたり、ドラに電話したりするなよ。もし女たちがあそこから逃げたら、お前を殺すからな」

「違うの、何もしないわ。ただちょっと気分が悪くて」

小走りにそこを去り、ドラが逃げられるように電話をかけた。その瞬間、忠告のことは頭から消えていた。ただ、友達を救いたかった。

「もしもし？　もしもし？　ドラ、答えてよ。プリーズ、電話に出て」

「ドラの留守番電話です。メッセージを残して下さい」

「アイ！　ちくしょう！　答えて、プリーズ、プリーズ。もしあなたに何かのことがあったら、私、自分を許せない」

「もしもし？　ケリー、どうしたの？　何度も電話かけて。何かあったの？」

「ああ、出てよかった！　忙しい？」

「ええ、今お客が来るところよ」

「じゃあ、オキヤサンに何か言い訳をして、そのお客を誰かに渡して。オキヤサンが見てないうちに、そこから出るのよ。入管が二時から三時の間に着くわ。もう二時半よ」

「何ですって？　どこでそんなことを聞いたの？」

「今サトウの口から聞いたわ。だから私を連れ出したの。友達一人だけ選ぶように言ったの覚えてる？　だからだったのよ」

「分かったわ。お客と話をつけてくる」

ドラは常連の客と一緒だった。彼女は客に外に出てもらい、もしオキヤサンに突然帰る理由を訊かれたら、電話が来て帰らなければならなくなったと言うように頼んだ。その客はとてもいい人だったので、ドラを助けようとした。

「外であなたを待っているから。車で遠くまで連れて行くよ」

　客が外に出た時には、すでに警察と入管のバンが停まっていた。客はドラに電話をした。

「裏から逃げろ。もう警察がいる」

　ドラが逃げようとした時、警察と入管はすでに非常線を張っていた。ドラは捕まった。


　私はテーブルに戻った。もう私の頭の中には一滴のアルコールも残っていない。みんなは今までのように笑い続け、楽しんでいる。パトリシアは反対側に座っていたので何も言うことができなかった。でも、私の顔を見て、何かあったことは分かっていた。サトウは再び私の手を取り、何事もなかったかのように振る舞っていた。私は他のことなど全く考えられず、入管が着く前にドラが逃げられるようにと祈るばかりだった。二〇分位経って、サトウが言った。

「行こう、マイ・プリンセス。あなたの友達は私の友達と他の場所に行って、私たちは特別な場所に行く。いいかい？　ここからは二人だけで」

「はい」

　私は床を見て、ドラのことを祈った。電話はできなかった。何が起こっているかパトリシアに言う間もなかった。もうこれ以上何もできない。もし私がドラに連絡したことをサトウが知ったら、間違いなく私を殺すだろう。

　レストランを出る時、パトリシアにお別れを言った。パトリシアは私が心配そうにしているのに気づいていた。

「何かあったの？　どうして急にすっかり変わっちゃったの？」

「そんなに分かる？　ううん、何でもないの。後で教えるわ」

「そう、お好きなように」

そこから私たちは分かれ、それぞれの場所に向かった。サトウが私をどこに連れて行くのか、全く想像もつかなかった。


私の頭はいっぱいだ。もはやセックスのことなど考えられない。友達のドラが無事逃げられたかどうかで私を愛撫し、口づけをした。死ぬほど電話したいのに、サトウがすぐそばにいる。それはできなかった。彼は私はさっきのことを忘れ、この待ちに待った瞬間を楽しもうとした。そして、自分に言い聞かせた。

『ケリー、もうドラには注意したんだから。逃げられたわよ。この瞬間を楽しむのよ』

長いキスと愛撫を続けながら約四〇分、私たちはある建物に着いた。エレベーターを上がり、マンションに入ると、ワオ！　なんてエレガントな場所なの！　いくつもの彫刻が並び、社交の集いにいるような日本人たちの写真があった。靴を脱ぐと、サトウは明かりを消し、お香とキャンドルに火を灯し、ドン・ペリニヨンのボトルを持ってきて、スペイン語で言った。

「エスタ・ボテージャ、ムイ・エスペシアル、パラ・ミ・コンティーゴ、ブリンディス（このボトルはとても特別。私とあなたのため、乾杯）」

サトウは苺を持ってきて、シャンパンの栓を抜いた。その泡が私の身体とドレスに散った。もう何も待つことはない。彼は私に口づけをし、愛撫し、私たちは喜びに呻いた。苺をかじり、シャンパンを飲み、私たちはゆっくりと裸になった。

サトウのシャツを脱がすと、彼の肌には一ミリも余すことなく刺青で埋まっていた。風景と何かの像とが体中に数え切れないほど。私はドレスを脱ぎ、彼の前で裸になると、彼は二歩下がり、私を上から下まで眺めた。私に近づき、力強くキスをし、私の乳房にも唇で愛撫した。

私たちは絨毯に倒れこんだ。彼は私の足先にキスし、私の股間にもぐりこみ、これまで誰にもしたことのないようなオーラルセックスをした。私が彼の口の中でゆっくりと達する間、彼は私の手を強く掴み、私は喜びに喘いだ。私はエクスタシーの絶頂に達していた。彼は私の股間のあちらこちらに舌を這わせ、私を狂うほど興奮させた。

サトウが動きを止め、私を見て、味わうと、コンドームを着け、挿入した。あまりに力強く、快感で、私はもうこれ以上堪えられなかった。位置を変え、今度は私が上になり、彼が私の乳房と喜びに溺れる表情に見とれる間、私はゆっくりと腰を動かした。私たちは、これまでにないほど愛し合い、快楽と愛欲に溢れる二人の身体にすべてをゆだねていた。汗がしたたり落ち、口づけを交わし、愛撫していると、その眼差しからお互いがもっと求め合っていることが分かる。長い間、私たちは愛しあっていた。ついにオーガズムに達した時、私たちはキッチンにいた。どうやってかは分からないが、気づいたら冷蔵庫のそばまでたどり着いていた。

友情か裏切りか

この上なく美しく愛し合った男性の腕の中で目が覚めた。現実に引き戻され、友達のドラのことを思った。

『ああ、神様《ディーオス・ミーオ》！　うまく逃げられたかしら？　どうしよう？　サトウが起きないように、静かに電話しようか？　今、何時？　八時半。神様、どうしよう？　どうしたらいいですか？　頭を冷やして考えさせて下さい……』

結局待つことが出来ず、ドラに電話した。本人の口から逃げられたという事実を聞くまでは納得できなかった。

　私はベッドからゆっくりと立ち上がると、サトウの手を少し動かし、カバンを持ってトイレに入り、何度も私を助けてくれたペルー人の友達ドラに電話をかけた。

「もしもし、もしもし」

「ドラの留守番電話です。メッセージをどうぞ」

「ああ嘘だと言って。うまく逃げたって言って。お願い《ポル・ファボール》。もし、あなたに何かあったら、一生自分を許せない」

　何度も電話をかけ続けても、ドラは電話に出ず、ついに私は諦めた。

　トイレから出ると、そこにあったローブに身体を包んだ。キッチンに行き、冷蔵庫にあった牛乳を飲み、床に座り込んで考えた。ドラはどうなったんだろう。逃げられた？　もし彼女の身に何かあったら、私が彼女のことなんてどうでもいいと思って裏切ったと思うかしら？　いいえ、でも、知らなかったのよ……。知った瞬間、すぐに電話したわ。いいえ、まだどうなったか分からないのに今苦しむことはない。神様が逃がしてくれたに違いないわ。

　ソファの下から電話が鳴るのが聞こえた。サトウの電話だった。私が電話を手に取ると、鳴りやんだ。サトウはまだ眠っていたが、しつこくかかってきたので電話を取り、彼を起こした。

「ボス、起きて」

「何だ」

「何回も電話がかかってきています。大切な用事だと思います」

　サトウはすぐに立ち上がり、電話に出た。二〇分位電話で話し続け、誰かと口論し、電話を切るとまた他の人に電話をかけた。激怒しているようで、何かを解決しようとしているのが分かった。最後の電話を切り、ベッドの周りをうろうろ歩き、考え込み、怒りでげんこつを握り、私のそばに来た。床に座って牛乳を飲んでいた私の髪をつかんで、私の身体を引っ張り上げて立たせた。彼は言った。

「どうしてだ？　何も言うなと言っただろ」

完全なショック状態だった。サトウは完璧なスペイン語を話したのだ。

「何のことか分からないわ。どうしてそんな風に私を扱うの？　髪を放して。暴力を振るってるわ」

「言っただろ。店のこと、何もするな、したら殺す、と忠告した。だが、お前はそれを無視してドラに連絡し、彼女は二人のロシア人と裏から逃げようとして、警察がその一人を撃って入院したんだ。そのせいで、警察や入管と揉めているんだよ」

「何のことだか分からないわ。痛いから放して。本当に電話してないわ。約束します。ポル・ファボール、信じて」

「俺がマヌケだと思うなよ。俺は馬鹿じゃないんだ。どうしてスペイン語が分からない振りをしていたか知ってるか？　スペイン語が分からないと思ったら、俺の前でいろいろ話すと分かってたからだよ」

「私を騙したの？　言いたいことはたくさんあったのに、スペイン語が分からないと思って我慢していたのに。あなたは私を騙して、私を使ったのね。私はあなたに心を開いた。しかもそのことは誰にも言っていないわ。何があったのか分からない。知らないの」

「俺を裏切ったな。忠告したのに。この代償は絶対に払わせるからな」

「どうしてそんな風に私を扱うの？　昨日の夜は世界で一番優しく、特別な男性だったのに。昨日の夜だけじゃないわ。一緒に出かけた頃から、いつも私によくしてくれたのに、どうして？　何も知らないのに……」

「これ以上、俺に嘘をつくな。嘘《メンティラ》は大嫌いだ。もし、お前を特別扱いしたというなら、もうそれは終わりだ。俺が誰だか忘れたか？　俺はヤクザだ。日本のヤクザの中でも一番リスペクトされているって事を忘れたのか？　それにな、俺のようなヤクザは感情を持ち合わせてない。心も無い。だから、お前を消しても手が震えることすらない」

私は嘆いた。

「あなたは心の奥では悪人じゃないって知っているわ。私のことを好きだって、私に何か感じるものがあるって、知ってる。どうしてこの美しいネックレスとドレスをくれたの？　どうして私にきれいになって欲しかったの？　何の意味も無いの？　私はそうは思わないわ」

床に倒れ、嗚咽した。

「そこにいろ、動くなよ。電話を掛けて、その間にお前をどうするか考える」

私はただ泣き続け、殺されないように神に祈った。サトウは電話で五人位と話し、長い口論を交わした後、私に近づき言った。

「命は助けてやる。しかし、罰は受けさせる」

「罰？　どうして？」

嗚咽の間から聞いた。

「何もしていないって言ったじゃない」

「これ以上嘘をつくな。ドラに連絡したことは分かっている。これ以上否定するな」

「そう、したわよ。それが？　どうしてだか分かる？　私が誰かを必要としていた時、彼女は助けてくれたわ。空腹で寒かった時、そばにいてくれた。どうしてか分かる？　ドラは私の友達だからよ。彼女が大好きで、私は彼女やあなたや他に私を助けてくれる人に感謝している。だから、私にしてくれたことと同じくらいのお返しをしたいの。感謝しているだけよ。理解できない？　どうぞ、また殴って。殺したければ殺せばいいわ。でも、ドラに、あなたに、誰にだって、必要なら私は死ぬまで忠実でいるわ。だから、どうぞ殺してよ。ここには二人しかいないんだから。やればいいわ。日本で一人、売春婦が死んだって、誰も気づかないわ。もし、私を殺しても、家族もコロンビアの人たちも、私がここで死んだなんて知ることもないわ」

サトウは私の首を再び掴んで言った。

「俺に挑戦的な態度を取るな。強く出るなよ。俺に楯突いて争おうとするんじゃない」

首をとても強く掴まれたので、息ができなかった。もがいていたら、クローゼットに打ちつけられた。そこで倒れて、息をしようと喘いでいると、サトウが戻ってきて強く私を掴み、引っ張りあげてキスをした。私はもうそんなことをしたくはなく、怖くて彼を避けようとしていた。

一瞬で私が着ていたバスローブを剥ぎ取り、サトウは私を犯した。コンドームを使わず力いっぱい挿入し、私を殴り、二発平手打ちをした。私をひっくり返し、うつぶせにすると、再び挿入し、私の背中に射精して、私を床に押しつけた。まるで『お前はもう俺の役には立たない』とでも言うように。

私は泣きながらバスルームに駆け込んだ。床に座り、シャワーから落ちてくる水を浴びながら、いつまでも泣き続けた。その間、サトウが何をしていたかは知らない。三〇分位してバスルームを出て着替えると、サトウは言った。

「行くぞ、アパートまで送る」

外に出ると、チンピラが三人、建物の入り口で待っていた。帰り道、私たちは全く口をきかず、私はアパートの前で降ろされた。車を降りる時、私はサトウの手を取り、ダイアモンドのネックレスを置くと、それを握らせるようにその手をぎゅっと閉めた。私は言った。

「これはあなたのもの。ありがとう」

「後でオキヤサンが来て、これから店がどうなるのかを伝える」

「分かりました、グラシアス」

アパートに入ると、パトリシアが心配そうに私を待っていた。店で何が起こったか聞いていたからだ。

「オミセで何があったか知ってる？」

「ええ、昨日の夜、聞いたわ」

「何ですって？　で、何も言ってくれなかったの？　逃げられるようにドラに連絡してあげなかったの？　信じられない」

「何て言った？　昨日の晩遅くに知ったのよ。あの時、席を立って一人でトイレに行ったのはそのためよ。それからドラにも連絡したわ。ドラには誰にも言わずに一人で逃げるように言ったけど、二人のロシア人の子たちに言ってしまった。サトウが言うには、三人が裏口から逃げようとしている時、ロシア人の一人が撃たれたって。だからそんな理不尽なこと言わないで。ドラのためにどうにかしようと、もがいていたことも知らずにそんな風に話さないでよ。私の気持ちを知りもしないで」

「ごめん、許して。こんなことが起こってイライラしていたから」

「ええ、分かってるわ。あのひどいサトウが入管と取り引きをしているの。毎年決まった人数の女性を引き渡したら、入管があとは放っておいてくれるっていう」

「なるほど、分かったわ。昨夜、出かける時に二人の友達のどちらか好きな方を選べって言ったのは、そういうことだったのね」

「そう。それにしても、ドラのことを考えると、どうしようもない気持ちだわ。今頃、ドラは私をひどい友達だと思っているわね」

「いえ、そんなことないわよ。彼女はあなたができる限りのことをしたって分かってるはずよ」

「ああ、どうしたらいいか分からない。オミセがどうなるかも分からないし。この問題のことで、閉められるかもしれない。またマニージャの元に戻って、生活しなければならないなんて、想像もしたくないわ」

さらなる悲しい現実

「あら！　携帯が鳴ってる。マニージャだわ。もしもし、カロリーナ？」

「そう、あたしだよ。準備はできたかい？」

「何のことですか？」

「服とか身の回りのものだよ。オキヤサンから電話があって、オミセを閉めたからあんたを迎えに来いってさ。だからあんたは私とまた一緒に住まなくちゃいけないんだよ」

「違うわ。店は閉まってません。昨夜、入管と何かあったらしいですけど、閉店はしてませんよ」

「いや、閉めたんだよ。オキヤサンがそう言ったんだ。あんたたちを守るために、他のところに連れて行ったって」

「そうです。入管が来る前に、私たちを違うところに連れていってくれたんです」

「とにかく、そっちに向かうからね。命令だよ。一時間で迎えに行くから準備を終わらせておくんだよ。あたしのところに戻るんだ。あんたをどこに働きに連れてくか考えないとね。池袋はあんたを殴ったあのヤクザとのことがあるし。まあとにかく、後で話そう。着くまでにあんたをどうするか考えるから」

「分かりました、じゃあまたここで……」

マニージャの電話を切ってパトリシアに電話をかけた。

「パティー、オキヤサンに電話して。本当にオミセを閉めたのか聞いてみて」

「オーケー、かけてみるわ」

「オラ、オキヤサン、今日はいつも通りですか」

「いいや！　オミセは三日間お休みだよ。その間、休んでていいぞ。ただ、ケリーはマニージャの元に帰すとヤクザが決めたんだ。正確に言うと解雇したんだ。彼女のせいで問題が起きたんだから」

「何ですって？　どうしてケリーのせいなんですか？」

「ああ、ケリーが連絡したから、ドラは他の子たちと逃げようとした。入管に逮捕された時に、ドラ本人が私に言ったんだ」

「分かりました。私はここで仕事を続けてもいいですか。それとも、私も辞めなければなりませんか」

「ああ、続けていいよ。ボスの命令では辞めるのはケリーだけだ」

「はい、オキヤサン。グラシアス。じゃあ三日後に」

「ええと、全部聞こえたわね。何て言ったらいいか。私は辞められないわ。他に行くところがないから。ごめんね。でもボスと関係を持ったら物事がうまくいかなくなるって分かってたわ」

「信じられない。絶望的だわ。またあのいやな女と一緒なんて。どうしよう。またあの女の住み込みの奴隷になるのよ……。借金を払うだけじゃなくて、また何でもかんでもやらされるんだわ。どうしよう。一日二四時間、私のことを見張るのよ」

「泣かないで。勇気を出して。あの時、神様があなたを生き延びさせたのは、いつかあなたの人生に何かとてもいいことが起こるからだって、そう考えて」

「ええ、でも待っている間に、私の人生は終わってしまうわ。私の人生はもう自分のものじゃないから。

あの女は気の向くままに、何でも好きなようにできるんだから……。私が何かすれば、ヤクザに売るとか、コロンビアの家族を殺すとか、あのいつもの脅しにはうんざり。これが人生だっていうの？　ねえ、教えてよ。これが人生？　違うわ。神様。私をどうにかしてしまって。もうこれ以上生きたくない。死にたいわ。もう耐えられない」

「馬鹿なことを言うのはやめて。しっかりしなさい。あなたには、支えなければならない娘と家族がいるじゃない。できるわよ。約束する。それだけじゃないわ。私は、いつかコロンビアで私たちが笑いながらこの話をする姿を想像できるのよ。そうなるように、強くならなきゃ。だから、荷物をまとめて、そのカバンに強さを詰めて、どうやったら借金を返済して、ここから抜け出せるか考えるのよ」

「ええ、あのろくでなしに借金を払うのよ。でも、あなたにもうひとつ誓うわ。この日本で私にしたことの代償をどうにかして払わせるってことを。私が流した涙のひと粒、ひと粒分の復讐をするから、今に見ていてよ」

私は、ハート形に切り取って貼り付けていた、愛する家族の写真を壁からはがした。私の休息の場だったこの小さい部屋の片隅が、少しでも明るくなるように、スポンジで作ったものだ。目に涙を溜めながら、荷物を小さいカバンにまとめた。コロンビアを発った時に使ったカバン。あの時は夢が一杯詰まっていた。でも今回は、自分の知性、強さ、勇気、復讐、闘い、信念で一杯にするのだ。

カバンを閉めようとすると、サトウがくれたダイアモンドのネックレスが入っていた箱が落ちた。懐かしさと悲しさを感じながら箱を開けると、驚くことに、口論した日の翌朝に返したはずのネックレスがいつの間にか箱の中に戻されていた。

パトリシアとの別れには心が痛んだ。

「私、行きたくないわ。私たちは姉妹よ。それにドラの身に何が起こったのか、分からないまま行きたくない。それに、ヤクザのサトウから、どうして私を解雇したのか説明を聞くまでは行きたくないわ」

「泣かないで。ほら、顔がしわだらけになって、醜くなるわよ」

「バカ！」

「ほらね、涙ぼろぼろなのに笑ったでしょ。もう泣かないの。強い信念を持っていくのよ。マニージャに気づかれないように電話し続けるから。連絡を取り合って、ドラのことも何か分かったら教えるわ。今は落ち着くのよ。ドラのことで悪く思わないでね。彼女のためにできることは全部したんだから。起こったことはあなたのせいじゃない。あれは彼女の運命だったの。どうしようもないわ」

「わかった。グラシアス。マニージャとはち合わせないように、もう行った方がいいわ」

「じゃあね。神のご加護で悪いこと、危険なことから守られますように」

四五分位経って、私の最低の悪夢が到着した。

「ケリー！　あたしだよ。さっさと出ておいで」

「はい、今行きます……」

カバンといくつかの袋を手に外に出た。

「何だい、それは？　まさか、買い物で無駄に金を使って、トオカをちゃんと払ってないなんて事はないだろうね」

「私は一〇日毎にきちんと支払いをしています。この袋はオミセの友達からのプレゼントです」

「それよ、ああ言えばこう言い、高慢だね。でもね、そんな風にしていたらもう我慢しないよ。劇場に連れて行くからね」

「そんなこと言わずに仲良くやりましょう」

と車に乗り込みながら言った。

車には二、三時間乗っていた。その間、マニージャとの間に会話はなかった。東京に着く頃、マニージャが言った。

「ケリー！　どうして、私たちは友達になれないのかい？　どうしてもっといい子にしていられないんだい？　あのね、もしいい子にしていたら、あんたが自分のタレントを持って、自分で稼げるように手伝ってやるのに……そうしたら仕事仲間になれるし、あたしみたいに……いやそれ以上に稼げるのにね」

私はそれに答えず、どうやったらマニージャの信頼を得て、本名、出身地、これまでの人生、何人の女性に私と同じようなことをしてきたかという情報を入手できるか考えていた。将来、コロンビアに帰国した時に、この女を訴えるための情報全部、だ。

「ケリー！　あんたに話しているんだよ。考えてるのかい？　それとも、あたしが言ったことが気に入らないのかい？　あのね、今あんたとしようとしていることは、他の誰にもしたことがないんだよ」

「どうして私なんですか？　どうして私のことを手伝いたいんですか？」

「心の奥底では、あんたがまずまずだって分かっているからだよ。だって、あんたはいつもトオカをきちんと払うしね。それは仕事をするのに適した人間だっていう証だからね」

「もちろんです。いつか、あなたみたいになりたいです」

「心の底からそう思ってるのか、それとも強がりで言っているだけかい？」

「今のあなたのように、私もなります」

「じゃあ手伝ってあげるよ。だからといって借金のことは何も変わらないからね。あたしにお金を払い続けて、借金が終わったら、少し貯金をして、そうしたらあんたが自分のタレントを連れてこられるように手伝ってあげるよ。それから今はね、息子のエステバンが家にいるから、言動にはくれぐれも気をつけるんだよ。エステバンは八歳で、あたしがしていることもあんたたちがしていることも、何も知らないんだから。わかったかい?」

「はい、セニョーラ。おっしゃる通りです」

「ひとつだけ、はっきり言っておくけど、エステバンはあたしの生きがいで、彼のためならあたしは何でもするよ。人殺しだってね」

「はい、よく分かります。私も娘のためなら何でもします。子どもは私のすべてですから」

「よし。あたしたちはその点においては一致しているようだね」

再びあの家に着くと、悲しい夜には聖書を読み、家族の写真を見てすすり泣いた私に耳を傾けてくれる、あの小さな部屋が私を待っていた。

Historia 5

路上と劇場

マニージャの元へ

マニージャの家に着くと、八歳のかわいい男の子が出てきた。いかにもコロンビア人らしく、浅黒く、痩せていてあどけない子だ。ブランド物の服を着て、ヒップホップのラッパーのような恰好をしていた。三歳児のようなかわいいスペイン語を話し、コロンビアのアクセントはなかった。スペイン語より日本語の方ができたからだ。

名前はエステバン・タテカワ。私は彼をエステビスと呼ぶことにした。

「お姉《ニーニャ》ちゃん、僕の部屋に行ってプレイステーションで遊ぼうよ」

「ええ、アモール、荷物整理が終わったら、何でも好きなことして遊ぼうね」

自分の部屋に入ると、ノスタルジーに駆られた。エステバンを見て、自分の娘を思い出した。私の頭の中はこれからどうするかの企みでいっぱいだった。私は息子を通じてマニージャの信頼を得ようと計画していた。いろいろ探りたいという欲求が湧いてアイディアや計画がどんどん頭に浮かんでくる。

「エステバン、いる？　入ってもいい？　プレイステーションで遊ぼうよ」

「うん、いいよ。待ってたよ。カーレース、ファイトゲーム、それとも王女様の宝探しで遊ぶ？」

ゲームをしている間、彼に質問をした。

「エステビス、日本にはどのくらいいるの？」

「ママは三歳の時からだって言ってた」

時間とともに、私は少しずつ子どもやマニージャの信頼を得るようになり、情報を手に入れていった。

一週間、路上では働かずに、整理整頓、掃除、洗濯、マニージャの家事を手伝い続けた。エステバンの食事もいつも任された。銀行へ行く時もどこへ行くのもマニージャと一緒だ。マニージャはアメリカ製の服を売っていた。ブランド物のコピーで、路上で働く女の子たちに本物だと言って売っていたのだ。ビタミン剤、ダイエットの薬、バッグ、服、靴……。それにコロンビアから取り寄せたヘアカラーリング剤やヘアケア製品も。

この一週間で、私の計画はぐっと進んだ。エステバンは私のことが大好きになったし、マニージャも私のことを信じて、毎日のように情報を出すようになっていた。

横浜の路上に戻る

横浜の路上で再び仕事を始めた。仕事のやり方は池袋の時と全く同じだ。路上に足を踏み入れる時にはヤクザにお金を払い、客からは二万円をもらう。

その路上には二〇人ほどのコロンビア女性がひしめいていた。彼女たちの多くはメデジンやペレイラ、アルメニアなどから来ていた。人通りはあまり多くはなく、仕事もそれほど頻繁にはなかった。そのためか、新しい女性が来ると誰もいい目では見なかった。強力なライバルが増えたからだ。男たちは新しい子を好む。いつも路上に現れる新しい商品を探しているのだ。

一晩中、一人で路上を歩いたが、たった一人しか客が取れなかった。朝五時になり、駅までのろのろと歩いて行った。ポケットには今日唯一の客が払った一万五千円しかなく、目の下にはクマを作り、重いハイヒールで足にマメができていたが、また一日生きられたという満足感があった。健康で頑張ろうと意気込んでいた。「日本で借金を完済した。私は自由だ。これからは自分の幸せのためだけに働けるんだ」と言える日がいつか来るのを知っていたから。

駅から家までの道のりで、街路樹が私に話しかけている気がしていた。私はいつもそわそわした気分でその道を歩き、誰かがいるような気がして必ず後ろを振り向いた。今日分かった。それは私を決して見捨てなかった神の足音だったのだ。

家に戻ると、マニージャは洗濯や食事の準備をするよういいつけ、トオカを取り立てに出かけていった。疲労困憊だった私は少し休むことにして、長いシャワーを浴びた。パジャマに着替え、自分の部屋に戻ろうとすると、マニージャの部屋の中が見えた。信じられない！　普段いくつも南京錠をかけている部屋を開けっ放しで出かけるとは。中に入ると、ベッドの前にマニージャが写った大きな写真が貼ってあった。いくらか顔を整形しているのが分かった。部屋はめちゃくちゃに散らかり、ベッドメイクもされておらず、汚れた臭いと高級な香水の匂いが混ざっていた。

テレビの前にハローキティの人形がついた小さな箱があった。そこには一八歳から三二歳のコロンビア人女性のパスポートが入っていた。箱の奥には、ペレイラ出身の男性のパスポートもあった。そこには全部で三二冊のパスポートがあった。

紙にパスポートの持ち主の名前をメモして、パスポートを元の場所に戻して部屋を出た。一日で収穫した情報としては十分だったし、マニージャが戻ってきて、見つかるのが怖かった。名前のリストをビニール袋に入れ、こっそり貯めていたお金と一緒に家の外に埋めた。

遅かれ早かれ、マニージャは私の持ち物を調べるだろう。その時にあのリストとお金は見つかってはならない。家の中に戻ったが、数時間しか寝なかった。マニージャが帰ってくる前に頼まれたことを終わらせて、信頼を得ておきたかったのだ。

ある夜のこと

化粧をして、パッドの入ったブラジャーをつけた。胸が大きく見えるのだ。そしてミニスカートをはき、「幸運」の緑のブラジル製Tバックショーツとガーターをつけ、厚底ヒールの靴に足を入れた。

私の髪は巻き毛で、金髪だった。男たちはこの巻き毛に夢中になった。二つの理由から化粧はあまり濃くしなかった。まず、化粧自体があまり好きではなかったから。もう一つの理由は、日本の男たちには若く見えれば見えるほどよかったからだ。小さなバッグを持って再び横浜の路上へと向かった。

偶然アルベルトに会った。木更津のオミセで捕まってしまった友人ドラの恋人だ。

「ケリー、君かい？　あのオミセであったガサ入れで君も捕まったんじゃなかったんだね？」

「ええ、その夜はそこにいなかったの」

「ワオ、助かったね。俺の恋人のドラは捕まっちゃったからね。ごめん、ごめん。君の同胞たちを紹介するよ。彼らも君と同じコロンビア人だ」

「オラ、元気？　どこの出身なの？」

「どこの出身だったらいいかな。お姫様《ミ・レイナ》」

そう答えた。

「真面目に答えて。フアン、ヒルダルド、ジョバニ、どこ出身なの？」

「俺はメデジン。この二人はペレイラからだ」

とフアンは答えた。

「私もペレイラなの。こんなところで何をしてるの？　同業で競争しに来たわけ？　ハハハ。まさか身体を売りに来たわけじゃないでしょう？　もしそうなら、ヤクザたちに見られたら大変よ」

「おい、面白いこと言うじゃないか？　俺たちが売春をするようにでも見えるか？」

「あら、冗談よ」

「ここで俺たちがヤクザに見られてはいけないのは分かってる。でもヤクザの仕事で食ってるわけじゃないんだ。俺たちもここで仕事を持ってるんだよ。あっちでコーヒーでも飲まないか？」

「そうだな、ケリー。行こう」

　アルベルトが言った。

「いいわよ。でも少しの間だけね。私はまた仕事に戻らなきゃいけないから」

　ファアンは言った。「分かったよ、ミ・レイナ。大丈夫、命令するのはいつも女性だから」

　小さなカフェに入り、いろいろな話をした。

「じゃあ、あなたたちが横浜の路上で何をしているのか話して」

「ねえ、ミ・レイナ。あるビジネスのためにきれいな女性を三人探しているんだ。俺たちと商売しないか？」

　ファアンは尋ねた。

「どんなビジネスなの？」

「とても簡単な仕事だ。ダイヤモンドやエメラルド、ルビーなんかの宝石展示会に一緒に来てもらうんだ」

「その目的は何なの？」

「ケリー、よく聞いて。君用にエレガントなドレスを買い、ダイヤモンドのネックレスで着飾って、きれいに髪を結ってもらう。君はただ微笑んでみんなに愛想を振りまくだけでいい。君が笑っている間に、俺たちは本物の宝石のケースと偽物を取り換えて、そこから去る。それがすべてだ。もしこの話にのるなら、六万ドル払うよ。もし計画が思うように進めばね」

「ええ？　いくらですって？　じゃあ、宝石はいくらするの？」

「大金だよ、ミ・レイナ。すごい金額だ」

「ええ、いいわ、興味ある。でも問題は、どうやってマニージャに知られずにやるかってことよ」

「簡単だ。君は普通に路上に働きに出かけ、ここに着いたら俺たちと一緒に展示会にいくんだ」

「オーケー。いつ、何時に？」

「土曜の六時にドレスとネックレスを渡す。誰にも言ってはいけないってことは十分分かってるね」

「ええ、もちろん。そんなに馬鹿じゃないわ」

「商談成立だ。土曜の六時、ここ、同じ角で」

「オーケー、じゃあね」


人生の悪循環は続いていた。愛していると言いながら全く助けてくれない家族がいた。コロンビアに電話をするたびに嵐が巻き起こり、心の痛みと悲劇に見舞われた。いつも親戚の誰かが困難な状況にあった。病院にいる、刑務所にいる、商売がうまくいかない、借金がある、家賃がない、生活用品がない、子どもの勉強ノートがない——。みんなが母の家にやってきて助けを求めるのだ。マルセーラ、つまり「ケリー」が、いつも問題から救い出してくれるからだ。

電話で話すたびに、その日はいつもよりも多く身体を売って、しっかり稼がなければと思った。私が稼いだお金は母の薬代になったり、従兄弟を刑務所から出すお金になったり、弟のブランド物のスポーツシューズになったり、妹のブランド物のジーンズになった。弟が街の仲間たちと同じレベルにいられることで、殺し屋などにならないように、妹がブランド品を身に着けられることで、売春婦にならないように。彼らが私が選んだ道に決して進まないようにするために、より一層売春に身を捧げるつもりでいた。

　家に帰る電車で、コロンビアの家族に電話をしてみた。みんながどうしているか知りたかったのだ。

「もしもし、お母さん《マミ》、元気？　みんなは？」

「元気だよ。でも、生活が楽じゃなくて大変なんだよ」

「え、今度はどうしたのよ？」

「あなたが送ってくれたお金を銀行に引き出しに行ったら、それを奪われてしまったんだ」

「お母さん、電話するたびに何か起きるじゃない。ここに来てからというもの、悪いニュースと悲劇ばかりよ。私がそんなに簡単お金を稼げると思ってるの？　もうこんなの疲れたわ。ねえ、いつそのこと本当のことを言った方がいいかもね」

「本当の何だって？　何を言ってるんだい？」

「何をですって？　電話するたびにお金をせびられるだけじゃない。みんな、何かを欲しがるし、いつも何かが起きるし。ひどいわ。あなたたちの勝手や贅沢のために私が働き続けるのにはもううんざり。この日本で身体を売っているっていうのに、みんなは私を利用しているだけじゃない。もう疲れた。私の娘の世話代がこんなに高くつくなんて、もう耐えられない。もうこれ以上無理よ……」

「何を言っているの？　日本にいるって？」

「ええ、日本よ。嘘をついていたわ。お母さんを傷つけないようにボゴタにいるって言ったけど、あのひどい貧しさから抜け出すためにやってきたのよ。でも、もうこれ以上私を利用しないで」

「私たちのためとはいえ、母さんの顔に泥を塗るつもりなの？　侮辱するっていうのかい？」

　これ以上いやな気持ちにならないよう、ひどいことを言わせる隙も与えず、すぐに電話を切った。手が震え、涙が溢れ、心臓が胸から飛び出そうだった。ついに母に悲しい現実を告げてしまった。いやな気分になったのか、それとも真実をすべて話して、のしかかっていた忌々しい胸の重さがなくなったのか、もはや分からなかった。

涙と嗚咽にまみれながら、母に悪いことをしてしまったのか、傲慢な態度を取ってしまったかと自問した。でも、もう疲れきっていた。電話するたびに、より多くのお金を送らなければならなかったのだ。

数分経って思った。

『もういいわ、こんなこといつか終わりにしなければ。今は感情に流されている場合じゃない。それより、あの展示会の大仕事をマニージャに知られずにどうやってうまく成し遂げるかを考えないと。人生を賭けた大仕事で稼いで、マニージャへの借金を返して、コロンビアで普通の暮らしをするのよ』

歌手ニーナの話

また今夜も、マニージャが私を横浜の路上に送り込んだ。そこはとても気分が悪い場所で、誰も話しかけてくれなかった。みんなが私を強力なライバルだと思っていた。道を歩いていると、車が突然現れ、男が女に向かって叫んでいた。

「降りろよ、メス犬。仕事の時間だ。全部売り払って、いい客を取ってこい」

私は自動販売機の後ろからその様子を見ていた。二二歳位の女性が頭を垂れて泣きながら車から降りるのを見て驚いた。男は車のスピードを上げ、排気ガスとタイヤの跡を残して去った。

その女性は販売機のところまで歩いてきて、冷たいお茶を買った。私は彼女に近づいて声をかけた。

「私はケリーっていうの。初めて見る顔ね。さっきの男はマニージャなの？」

「私はニーナ。彼はマニージャじゃないわ。旦那なの」

「あなたの旦那？　どうしてあなたを働きに出すの？　ひどいじゃない。その顔はどうしたのよ？　殴られたの？」

「ええ、そうなの。分かってる。でも好きなのよ。どうしたらいいっていうのよ。ここでは私は一人ぼっち。彼の他には誰もいないの。目の怪我はちょっとしたアクシデントよ」

「ひどいわ。何てことなの？　あんな奴と一緒にいるくらいなら一人の方がましよ。そうでしょう」

「ここは人と会って話ができる唯一の場所なの。いつもは旦那が私を閉じこめるから、友達に会うことすらできないの」

「ひどいわ。どうかしてる。そんな男とは別れなさいよ」

「私の話を聞けば分かってくれると思うわ。私はペレイラ出身のコロンビア人で、四歳の息子がいるの。マリアッチ（弦楽器と金管楽器で編成する音楽隊。メキシコやコロンビアで盛ん）のグループで歌手をしていたんだけど、全然うまくいかなくて、仕事の契約がほとんどなかった。でも生活費が必要でしょ。家賃を何カ月も滞納していたわ。そしたら息子が病気になって入院したの。借金が増えたんだけど、息子の父親は経済的な援助を全くしてくれなかった。生活必需品をつけにして、まわりの人からお金を借りたわ。そして言い訳がもうできなくなって、お金を借りた人たちから逃げるようになった。

ある日、バーで歌っていたら、ある男性が二時間分余計にお金を払ってくれたの。バンドメンバーと私に食事をごちそうまでしてくれた。彼はとても紳士的で、そのうち私を食事に誘うようになったわ。何度か誘われるうちに、ダンサーとして女性を日本に送り込んでいるという話をするようになった。女性たちは売春を強要されることはないと言っていたから、家賃、借金の支払い、息子の養育費で絶望的になっていた私は、日本に行くにはどうしたら良いか彼に聞いてみたの。とても寛大な人で、前払いとして一〇〇万ペソ（約七万五千円）をくれて、旅の手続きをしてくれると言った。すべてがあっという間で、考える暇もなく気づいたら日本に来ていたの。

日本に着いたら、私は四〇〇万円の借金を負わされていた。マニージャは、トオカを支払えないと私を殴ったわ。彼とは全然うまくいっていなかった。ある日、女友達二人と食事に行ったの。あるイラン人が誘ってくれたのよ。ご馳走してくれて、私にとても優しくしてくれた。マニージャに殴られないようにって、それからいつも日本人の客を送り込んでくれるようになった。

外国人の男はこの路上には来られないの。ヤクザにやられるからね。コカインやヘロインを売っているイラン人は余計に憎まれていたわ。四カ月間、彼は客を送り続け、私たちは時々食事に出かけるようになった。花を贈ってくれたりして、彼がとても特別な存在になった。彼も段々私のことを好きになって、ある時、私のマニージャへの借金、二〇〇万円を払って私を自由にしてくれると言ったわ。マニージャはさらに五〇万円を加算したけど、彼は私のために二五〇万円払ってくれた。

一緒に暮らした最初の一年はすべて順調だったわ。家族に送るお金をくれたりして、とてもすてきな人だった。でもある時、急に人が変わって、また路上の仕事に戻されたの。状況がよくないから、二人とも働かなくちゃいけないんだって言うから、それを信じて路上に戻ったわ。でもそのうちコカインを客に売れと言われるようになった。最初はうまくいってたけど、売春だけじゃなくて、もっと麻薬を売るように強要されたの。

こうして今に至るというわけ。売り上げが落ちると場所を変えていくから、日本中を渡り歩いたわ」

「何ですって！　何てことを。売春だけじゃなくてドラッグも売っているなんて」

「静かに。ヤクザに知られたら、殴り殺されるわ」

「ごめん。大丈夫、信用して。ただあなたの話を聞いてびっくりしちゃったの」

「そうよね。でも驚かないで。日本にはこんな話は山ほどあるんだから。私は彼から逃げるのが怖いのよ。

何年か前に横浜であるコロンビア人が彼氏から逃げようとして、どうなったか知ってる？　彼氏のために稼ぐのに疲れて、田舎に逃げてピンクサロンで働いていたら、彼氏に見つかって殺されて、こま切れにされてしまったわ。遺体はスーツケースに入れられ、彼女とアパートに住んでいたコロンビア人の友達のところに送られたの。受け取った友達は狂ったように泣きながらそのスーツケースをゴミ置き場に捨てたそうよ。少ししてその子がヘロイン中毒になってホテルで死体で見つかったんだって。自分でやったのか、誰かの仕業だったのか分からないままよ」

「何なのそれ？　ニーナ、それは本当の話なの？」

「信じてよ。日本で聞く話は全部本当よ。あのね、あなたにこの話をしたのは、悪いイラン人には絶対関わらないようにって言いたかったからなの。奴らは人殺しで、残酷で、お金のことしか考えてないのよ」

ニーナの衝撃的な話を思い出して、全身に寒気が走った。この国で毎朝生きて目覚められることが、どれほどありがたいことか思い知った。そして神様に祈った。

『ここから出して下さい。この状況を乗り越えられるよう力を貸して下さい。これ以上、女性たちがここに来ないようにできるのなら、私は何でもすると約束します。私に忍耐力と勇気を下さい。コロンビアに帰らせて下さい。いつか私の話をたくさんの人にして、日本で被害者たちを縛り付けているこの鎖がこれ以上延びていかないように力を尽くします。これは、野心、金、欲望、罪、犠牲、闘い、痛み、そして死に繋がっている重い鎖なのです』

宝石展示会

午後二時に起き、優雅できれいに見えるように爪を整え、髪を金髪に染め直した。つま先から頭のてっぺんまでパックをした。

「ん、それは？　どうして今日はそんなことしてるんだい？」とマニージャが聞いた。

「ああ、何でもないですよ。ただお手入れはちゃんとしないと。美しさは失われていくものですからね」

「そうだね、本当だ。あたしたちは永遠の若さの秘訣をまだ手に入れてないからね。アハハ」

「今日はいつも早く来る客に会って話をするので、三〇分早く出かけます」

「ああ、いいよ。そうやっていつも客を探し回るのはいいことだ」

　私は仕事に出かけるエネルギーでいっぱいだった。あの宝石を手に入れるために。これまでになく髪をきれいに整えて、しっかりと化粧をした。世界中の人々を魅了できるようにしたかった。そして、彼らがあの宝石を手に入れるのを助けるのだ。

　電車で移動しているうちに、神経の高ぶりが全身に広がり始めた。手には汗をかき、落ち着かず、足を何度も組み替えた。停車駅が永遠に続くようで、この電車にずっと乗っていくのではないかと思った。あと五分で到着するという時に電話が鳴った。

「もしもし？」

「オラ、かわいこちゃん《ママシータ》。俺、ファンだよ。今日はきれいにしてきたかい？」

「ええ、もちろん。もうすぐ着くわ。電車に乗っているから、あと五分で着くわ」

「分かったよ、お姫様《ミ・レイナ》。ここにドレスと本物のダイヤモンドのすばらしいネックレスを用意しているから」

「オーケー、また後でね」

　私が到着すると、彼らは待っていた。驚くことにもう二人の女性がいた。一人はとても美しく控えめな感じの女性。もう一人は売春婦とすぐに分かる目立つ女性で、真面目そうで控えめに見せているようでも、売春婦であるのがその態度から見え見えだった。

「オラ、ミ・レイナ。わお、なんてきれいなんだ！」ファアンは叫んだ。「このドレスとダイヤモンドの美しいネックレスを着けたらどんなにきれいになることか」

「ファアン、ねえ、ちょっとお話できる？」

「ああ。どうした？　緊張してるのかい？」

「ううん、違うの。私たちだけだと思ってたから」

「いや、俺たちが君たち一人ずつとペアになって行くんだ。君が俺の女王様だ。リラックスして。他の女の子を紹介するから。カフェに入って、計画を全部説明する」

カフェでファアンが説明をした。

「オーケー、ここに入場券がある。これは本物だ。結構な大金を払った。このブレスレットを着けるんだ。特別なコードがあって、これで各展示室へのアクセスができる」

「君たちは来訪者の間を普通に歩くんだ。手にはシャンパンを持って、色気を出してくれ。他には何もしなくていい。前にも言った通り、ただ微笑んでいるだけでいい。アタッシュケースを交換しているなんて、君たちですら気づかないだろう。約束するよ」

「よく聞くんだ！　これがルールだ。まず第一、俺たちは、お互いに知り合いではない。この計画のことは一切知らない。もし誰かが何らかの理由で捕まったとしてもだ。第二、何かの間違いで捕まっても、口を割らず、忠実でいるならば、どんなことをしてでもそいつを助けに行く。第三、もし思い留まるなら、今のうちだ。もし後で後悔するなら、俺自身が裏切り者としてそいつを殺す。うまくいってもいかなくても全員が同じ条件だ。以上。自信をもってやってくれ。俺は何年もこの仕事をしているが、一度も失敗をしたことはない」

私は公衆トイレで着替えて、鏡を見た。そして、幸運を祈り、宝石展示会へと向かった。すばらしい外観の建物に着いた。ガラスと鏡張りで、入り口には美しい生け花があり、四方八方に安全装置が備えられていた。中に入ると、二人の綺麗な日本人女性が迎えてくれた。女性がチケットをスキャンし、私たちは奥に進んだ。次の通路には警備員たちがおり、さらに奥に行くとシャンパンのグラスが置かれた大きなテーブルがあった。

全員がファンが説明した通りに動いた。グラスを手に取り、人の流れに続いた。警備ポイントを五回通過して、ついに待ちわびていた部屋にたどり着いた。その宝石はなんとも表現し難いものだった。それまでの人生でブルーダイヤモンドなど一度も見たことはなかった。なんと美しいのだろう。ゴルフボールほどの大きさで、とても美しくきらめいていた。

全身が神経質になっていた。そこには大勢の人がおり、アドレナリンで溢れていた。こんなこと実現不可能だ。と、突然パニックに襲われた。この場所で盗みを働いた罪で、何年も何年も刑務所にいる自分の姿を想像していた。徐々に後ずさりして、ファンと他の仲間から離れ始めた。酸欠になり、目まいがした。すると、警備員が壁に寄りかかっている私を見て、声を掛けた。

「大丈夫ですか?」

「息苦しいの。外に行きたい」

すぐに二人の男性がやってきて私を外に出して、水を飲ませてくれた。外で友人を待つから、と男性たちに中に戻るように言うと、彼らは不思議そうに私から離れていった。五分待ってから、知らない振りをしてその場を去った。最初は歩いていたが、少し離れると思いっ切り走った。頭の中をいくつもの悪いイメージが駆け巡った。

もう、何が一番ひどいことなのか分からなかった。マニージャなのか、中国マフィアか、ヤクザか、もしくは日本の刑務所で過ごすことなのか。ファンの言葉が繰り返された。『後悔するなら、今のうちにやめておけ。もし後でやめるというなら、俺自身がそいつを殺す』

今でさえマニージャの借金が何百万円とあるのに、ビジネスの真っ最中に逃げ出したことで、急に三人の男に『裏切り者を殺せ』と日本中を探し回られることになるなんて。

駅に着いて家に向かう電車に乗った。あの計画がどうなったのか分かるまでは、横浜の仕事に戻る気にはなれなかった。マニージャに何て言おう。早く家に戻った言い訳をどうしたらいいんだろう。仕事をしていない理由をどうやって説明すればいいの。

電車を乗り換え、横浜に戻った。自分の服を入れていたロッカーを探し、着替えると、今度はその同じロッカーに、ドレスとダイヤモンドのネックレスを入れた。駅の辺りをうろうろしたが、神経の高ぶりは治まらなかった。いつも家に戻る時間まで横浜にいることにした。早く家に戻った理由をいろいろと考えるのが面倒だったのだ。いつも私は一日に十時間から一二時間、仕事をして、お金を持って帰っていた。なので、それをしないなら、私に何かあったということになる。

私はトイレに入り、バッグを枕代わりにして寝た。隣のトイレで物音がして起きると、朝の五時四五分で、始発が動き出したばかりだった。その電車でいつも帰っていたので、ついに家に戻ることにした。好奇心が私の心をざわつかせた。展示会で彼らが一体どうなったのか、知りたくて仕方がなかった。うまくいったのか、それとも捕まったのか？　何かが起こって、それを私のせいにしたりはしないだろうか？

家に着くとマニージャが学校へ行く息子へのために準備をしているようだった。

「オラ、イヒータ」

マニージャはいつもの偽善的な声色で挨拶をした。

「ねえ、お姉ちゃん《ニーニャ》。昨日はハンバーガーは売れたの？」

とエステバンは訊いた。

「いいえ、ミ・アモール。一つも売れなかったの」

「じゃあ、こうしようよ。ママがプレイステーション2を買ってくれたら、1をあげるよ。そしたら、娘さんに送ってあげたら。ねえ、ママ。いいでしょ？　だって、ニーニャは元気がないもん。僕みたいにニーニャの娘さんにもプレイステーションで遊んで欲しいもん」とエステバンは言った。

「分かったわ。ミ・アモール。もう学校にいく時間よ」

「オーケー、オーケー。チャオ」

「ケリー、そんな顔してどうしたの？　昨日はどうだったんだい？」

「全然ダメでした。一人も客が取れなかったの。すごく疲れました。ちょっと休んでもいいですか？」

「いいよ。あたしが用事を済ませる間、二時間寝てていいよ。その後、他のタレントのトオカを取りに一緒についてきておくれ」

「分かりました。寝る前に一つ質問していいですか」

「うん、何だい？」

「実は、横浜ではあまりうまくいかなくてお金も稼げません。劇場での仕事を探してもらえませんか？試しにトオカの分だけでも」

「ええ？　本当にやりたいのかい？　そこには行きたくないって何度も言ってたじゃないか。どうして今になって」

「路上での仕事には飽きてしまったんです。毎晩、あんなに頑張っても成果がないんです。劇場ではトオカの分が定額なんですよね」

「そう、定額だよ。踊りを踊って、終わり。じゃあ、劇場をやってる友人に電話をして、明日からのトオカ分の仕事に空きがあるか聞いてみるよ」

私は展示会のことが分かるまで、劇場に隠れている方がよいだろうと考えた。路上で働いていたら、あの男たちに簡単に見つかってしまう。そんな命を危険にさらす様なことは今の私にはできなかった。ファンの脅迫が本当かどうか試す気には到底なれなかった。

服を脱ぎ、横になって眠ろうとした。しかし、駅のトイレで一晩過ごした身体はくたくたで、眠れなかった。私が展示会から逃げ出てしまった後にどうなったのかを考えていた。三時間後、マニージャに呼ばれた。

「ケリー。劇場の仕事が見つかったよ。今晩からトオカが始まるから、支度しな」

「本当？　行ってもいいんですか？」

「そう。支度して。必要なものをカバンに詰めて。連れて行ってあげるから」

「オーケー」

シャワーを浴びた。この新しい仕事がうまくいくように、あの男たちに見つからないように、何も悪いことが起こらないようにと神に祈った。彼らに見つからないように、遠く離れるつもりだった。でなければ私は殺されてしまう。

ストリップ劇場

ある街のひどく不快なところにやって来た。そこは貧しい人たちが暮らす場所で、コロンビアの市場よりもひどかった。道路は汚く、ゴミがそこら中に散らかっていた。劇場は三階にあり、階段は大勢の生活困窮者たちで埋め尽くされ、ほとんど歩けない状態だった。鏡張りの部屋に入ると、中央にはステージがあり、その周りには防護用のバーが設置されていた。男たちがダンサーの邪魔をしないようにするためだろう。

すると、汚らしい男が出てきた。男は口に食べ物を入れたまま話す、下品で不快な人だった。エプロンをした姿は料理人の様だ。男は完璧なスペイン語を話した。

マニージャはその男に挨拶をした。

「オラ、オットさん、元気?」

「とても《ムイ・ビエン》! おお、かわいいじゃないか。うちの客とうまくやっていけるなら、大金を稼げるぞ」

恥ずかしくて、悲しくて、私は視先を落とした。

「あたしのタレントはどこで寝泊まりするんだい?」

下宿部屋は布団がたくさん並ぶ大部屋で、部屋の中にトイレがあり、ドアはなく、今にも落ちそうなカーテンで仕切られているだけだった。まだ、他のタレントたちは到着していなかった。

「さて、少なくとも寝る場所はあるってことだ」

マニージャは言った。

「そうですね。ありがとう」

涙がこぼれそうになり、無理に笑って答えた。あの男たちに捕まって殺されるような、危険な目に遭わないためなら、何でもするつもりだった。でも同時に、社会の底辺のとても不快な場所に来てしまったという気持ちも混ざっていた。

布団に座り、カバンから聖書を取り出し、祈った。『神様、こんなところまで堕ちてしまいました。ごめんなさい』

女性たちが次々とやってきた。全員フィリピン人で、ラテン系は私だけだった。七時に最初のショーが始まった。「誰が最初に出るかい？」オットさんが聞いた。

みんな、一番に出たがったが、私はそんなことは気にせず、自分の出番を待った。最初のショーが始まった時に、カーテンの後ろからショーを覗いてみた。もう日本ではあらゆることを目にしてきたと思っていたが、それは大間違いだった。

それは、一メートルほどの回転台の上で行われるストリップショーで、男たちは台にいる女を食べてしまいたいという欲求を押さえきれないようだ。お客が払う入場料は一〇〇〇円で「タッチ」というオプションもあり、ショーが終わった後にダンサーの胸を触ることができる。男たちは列に並び、順番に胸を数秒間揉んで出て行った。ショーは二〇分間続いた。

その他に「ポラロイド」というオプションもあった。女性器の写真を撮ることができるのだ。触れるのは禁止で、客はインスタントカメラを持っており、写真を早く見たいがために、写真を振って乾かしていた。それを見ながら、後でマスターベーションをするのだ。このサービスは夜の七時から朝の七時までやっていた。

それぞれの女性に異なるショーが任せられた。例えば「タッチ」であれば、トオカが終わるまでずっとそのショーを担当するのだ。私は死にそうなほどナーバスになっていた。自分の番が来たが出たくなかった。私は唯一のラテン系だったので、その夜一番の見せ物となり、男たちはピラニアのように私に群がった。狂気だ。危険を感じるほど、男たちは私に触りたがり、写真を撮りたがり、ベッドに連れて行きたがっていた。

私の担当は「ポラロイド」、つまり写真撮影だ。踊りの後、バレリーナのようにバーに足を乗せ、股を開くと、男たちはその下を通り、写真を撮った。多くの男たちが何度もお金を払って撮影を繰り返した。ショーと写真撮影で三〇分が経つと、足が疲れてしまった。立ち上がり、中央のステージから奥へと下がった。私の小さな居場所に戻ると、布団に突っ伏した。ただただ休みたかった。しかし、すぐにボスのオットさんがやってきて言った。

「ケリー、どうしていなくなるんだ。戻るんだ。まだ写真の金を払ってる客がいるんだから」

「え、おかしいじゃないですか。もう足が耐えられません。それに普通ショーは二〇分なのに私は四〇分もやってるんです。もう疲れました。次の順番には戻りますから」

ボスは私の背中を蹴りつけて、言った。

「お前が疲れているかどうかなんて聞いてるんじゃない。さっさとステージに戻れ」

力なく泣きながらステージに戻った。とにかく行かなければならなかった。私を生のまま食べたがり、写真を撮りまくりたがる愚かな男たち。そこにいる麻薬中毒者、日雇い労働者、浮浪者を幸せな気分にしなければならなかった。男たちはその写真を見て何度もマスターベーションするのだ。私はステージで踊り続けなければならなかった。私が足を上げている間、男たちは飽きることなく写真を撮り、私の痛みと悲しみで楽しんでいた。その一〇分間は永遠に続くかのように感じられた。私はその男たちの方を見てはいたが、実際は何も目に入ってこない。人の動きだけが見え、何も聞こえなかった。ただ、あのドアから出て行きたい。この残酷な世界から抜け出したい。ただの悪い夢であってほしかった。別の空間であってほしかった。あのドアをくぐってコロンビアに着けるのならばと思った。

しかし、現実はそうではなかった。そこは日本だった。自分自身を捨てなければならず、自分の生活を生きる権利もない場所。

こうして時間は過ぎ、私は日々の仕事をこなしていかねばならなかった。私は特別に二つのショーを担当することになった。通常の契約では、トオカをこなすためには一つのショーを担当すればいいのだが、客が唯一のラテン系に引きつけられたので、オットさんに「タッチ」と「ポラロイド」の両方を担当させられたのだ。そうして劇場での一〇日間を全うした。

劇場での生活がこれまでで最低だったかもしれない。でももう分からない。私はもうどこが限界なのかも分からないところまで来ていた。日本での生活で最低な出来事が何だったのか、もはや自分でも分からなかった。

トオカが終わり、マニージャが迎えに来た。私は何も言わずに車に乗った。

「あんたがどんな気持ちか分かるよ。日本で稼ぐ方法の中でも、劇場の仕事は最低の仕事だ。売春の中でも一番堕ちた仕事だよ。でもあんたがやりたいって言うから。どうしてそんな顔をしてるのか分かんないよ」

「大丈夫です。疲れているんです。話したくないだけです」

「お好きなように。家に戻るよ。洗濯して、家を掃除するんだ。ああ、ガレージもきれいにしておくれ。ひどい状態になってるからね。そしたら寝ていいから。今日は、家事をしたら休んでいいよ」

「はい、言う通りにします」

私は車の窓ガラスに頭をつけて、ずっと黙って泣いていた。自分自身のばかげた決断で入り込んでしまったこの見知らぬ次元の扉を見つけ出し、外に出られることを願いながら。

その日、マニージャに言われた通り、家事を終え、休もうと自分の部屋に上がった。すると携帯電話が鳴った。信じられない。ファン、あの宝石展示会の男だった。電話に出るのは怖かったが、同時にあの夜の計画がどうなったのかが知りたかった。

「もしもし」

「オラ、ケリー。俺たちを置いて行ってしまうなんてどういう訳だい」

「好きでそうした訳じゃないの。ひどい目まいがして、あそこから出なくちゃいけなくなったの。みんなに迷惑がかからないように、警備の人に助けを求めたのよ」

「ああ、知ってる。外に出ようとした時に、警備員に止められたんだ。見られたかと思ったよ。だが、君が気分が悪くなって外に出たって知らせてくれたんだ」

「このことであなたが怒ってないことを願うわ。あの日のドレスとネックレスは持ってる。まだ横浜駅のロッカーにいれてあるわ」

「いいんだよ。大丈夫。あれはプレゼントするから、コロンビアに帰ったら俺たちのことを思い出してくれ。でもそのために電話をしたんじゃないんだ」

「オーケー、ありがとう。マニージャに劇場の仕事に連れて行かれて、帰ってきたばかりだったから、連絡ができなかったの。ごめんなさい。今日、トオカが終わったところなの」

「ミ・アモール。ただ残念なのは君があの金を稼ぐことができなかったことだよ。マニージャに金を払って、ここから去ることができただろうに。ここは君なんかがいてはいけない泥沼だ。君はとても頭がよくてとても美しい。売春をしながら人生を終えるなんて、もったいない」

「泣かさないでよ。日本に来てから、こんな風に誰かに大事にされるなんて初めてよ」

「そうじゃないよ、ケリー。大事にするとかじゃなくて、男ならどの女が尻軽で好き者なのか分かるさ。ここは絶対に君のいる世界じゃない。いつかどこか違う場所に行くことになっても、君はこの言葉をきっと思い出すだろう。今日は、お別れを言うために電話したんだ。万事うまくいって、ペルー人たちがパスポートを手に入れてくれた。それを持ってここからおさらばだ」

「ねえ、思った通りにうまくいってよかったわね。そのお金がもらえなくて本当に残念だわ。この生活から抜け出せたのに」

「これだけは言える。他人《ひと》のものは自分のものではない。自分のものはどこかにあるってことだ」

「ええ、そう思うわ。私のものが手に入るのを待っているうちに、日本でマニージャのために働き尽くして、借金を払い終わった頃には疲れ果てて、年老いて、この人生を続ける気力もないでしょうよ。つまり、この物語の結末は、ただの売春婦が日本で働き疲れてコロンビアに帰っても貧乏で、醜い敗北者になるってことだわ」

「違うよ、ミ・アモール。そんな風に言わないで。そうだ、横浜駅のロッカーにちょっとだけお金を入れておくよ。入れ終わったら電話で番号を教えるから取りに行くんだ。落ち込んだり、正気をうしなったりするんじゃないぞ。それからドラッグには絶対手を出すな。人生がめちゃくちゃになるからな」

「アドバイスをありがとう。ただひとつ言えるのは、私はそこまで馬鹿じゃないってこと。私の人生で唯一の失敗は日本に来てしまったことね。高くついたわ」

「そうだな。じゃあな。日本で君に神のご加護がありますように」

「ありがとう。じゃあね」

　この時、私は手に入れることができないもの、幻想を糧に生きていたんだと気づいた。白昼夢を見ていたのだ。娘や家族が快適に暮らし、困窮せず、贅沢な生活ができ、クリスマスには平和と愛に満ちた時間が過ごせるという夢。そんなことはすべて私の現実とはかけ離れていたのだ。見ていた夢が、私の愚行のために消え去ってしまった。あの飛行機に乗ったことで……。

Historia 6

取引き

ブラックマーケット

「ケリー。出かけるから起きなさい」

　大急ぎで支度をして出かけた。マニージャはいつも通り車の中で音楽を聴いていた。ロマンチックな音楽に合わせて身体を動かしている。とても幸せそうに見えるこの女の傍らで、私はノスタルジーにかられ、心は悲しみと孤独でいっぱいだった。

「今日は、新宿のラ・カベルナっていうレストラン兼ディスコに行くんだ」

「ラ・カベルナ?」

　知らないふりをしたが、ドラと一緒に行ったことがある場所だった。『誰も私と分かりませんように。もし誰かが親しげに私に挨拶したら、そこに行ったことがあることがマニージャにばれてしまう。大問題になるに違いないわ』

「どうしたんだい」

「どこかでラ・カベルナのことを聞いた気がするんですが、よく思い出せなくて」

「きっとその辺で誰かが話してるのを聞いたことがあるんだろう。コロンビア人に人気の場所だからね。あるコロンビア人たちがでっかい盗みをしたんだ。それで、盗んだものを全部売りさばいているんだよ。息子が欲しいっていうプレイステーション2があるんだ。他にもいろいろあるんだよ。パソコンだってね」

「パソコンが買えたらどんなに幸せか。コロンビアの友達にメールを送れるじゃないですか」

　マニージャは鼻で笑った。

「友達？　まだ友達が存在すると思ってるのかい？　随分な夢想家だね。友人なんて存在しない。家族も愛も何も存在しない。自分の影ですら信じちゃダメなんだよ」

「それは違うと思います。私には大切な人がたくさんいて、たとえ一緒にいなくても、私のことを愛し、待っているんです」

「日本で売春をしていたことを知っても、果たして好きでいてくれるかね？　敬意を払ってくれるのかい？　馬鹿正直もいいところだね」

「誰も私が日本にいたことを知ることはないわ。たとえ知ったとしても、理解してくれる。だって、どんな時でも私は愛や誠実さを培ってきたし、自分のまわりにいる人たちがどんな人かもよく分かってるわ」

「ふん、そうだね。誠実さ、か。誰もあんたが日本に来たなんて知らないんだろ」

「私のコロンビアでの生活や友人のことなんて話すのやめましょう。結局、あなたには分からないんですから。人を利用して、いいとこ取りをすることにしか興味がないんですから」

「まあね。あたしがこの仕事を始めてから、あんたの五倍のことは経験してきたよ。あたしがマニージャに支払いをしながらひどい生活をしていた時、息子の父親は殺されてしまった。家族は金を使うだけ使って、あたしがコロンビアに帰った時には寝る場所もなかった。だから家族も、友達も、コロンビアもくそ食らえなんだよ。もう、この話はやめよう。着いたよ」

ラ・カベルナの中に入るには合い言葉が必要だった。そこにはプラズマテレビ、パソコン、プレイステーション、ＭＰ３、最新テクノロジーが詰まったありとあらゆる電化製品があった。

「さて、すごいものを盗ってきたって？」

「ああ、そうだよ。俺たちが目をつけたら、罠をばっちり仕掛けるって知ってるだろ？　で、君は？カロリーナのタレントだね」彼はアルベイロと言った。

「よろしく。ケリーです。そう、彼女が私のマニージャよ」

「ワオ、こんなにきれいな子がこんなところで何をしてるんだい？　君みたいな子は、俺の帰りを待ちながら女王様のように暮らせるようにしてあげるのにな」

「面白いこと言うわね。みんながどうしてここにたどり着いたか分かるでしょ」私は言った。

すると、マニージャが割り込んできた。

「アルベイロ、こんなところで何してるって、何だい。売春して小銭を貯めて、いつか貧困から抜け出すんだよ。それがあたしのところに来る娘たちがやってることだ」

「なあ、あんたのために小銭を稼ぐって。この子にはとってては大金じゃあ……。なあ、カロリーナ、俺はマニージャたちのやり方には全く納得がいかないんだ。俺たちの同胞を搾取するなんて。」

「ねえ、喧嘩になる前に商売の話をしようじゃないの。この話ではあたしたちは決して同じ意見にならないんだからさ」

マニージャは商品を見始めた。私はノートパソコンに見入っていた。喉から手が出るほど欲しかったが、お金がなかった。マニージャは一番いいパソコンを二つ買っていた。自分と息子のためにいろいろと買っていた。少しすると、アルベイロが私に話しかけてきた。

「ねえ、君はどこの出身なんだい？」

「私？」

「そうだよ、君だ。メデジンの子に見えるけど」

「違うわよ。ペレイラ出身なの」

「あ、そうか。日本に来てどれくらいになるんだい？」

「一〇カ月になるわ」

「赤ちゃんで言えばまだオムツを履いているような時期じゃないか。日本で生活するのに必要なものがあれば……」

「必要以上に日本にいるつもりはないわ。マニージャの支払いを済ませて、ここから帰りたいわ」

「そうだね、分かるよ。カロリーナは古くからの友人だが、女としては病原菌みたいなもんだ。君たちを利用して」

「もうこれ以上話すのはやめましょう。カロリーナが来るわ」

「何の話をしてたんだい？　あたしのことでしょう。なんて美しいんだろうって？」とマニージャは笑った。

「ええ、もちろん」私は答えた。

「ケリー、好きなノートパソコンを選びなよ。プレゼントするから」

「アルベイロ、本当に？」

「うん。いいだろ？　俺たち気が合うみたいだし、プレゼントしたいんだ。マニージャも反対しないだろう？　どうだい、カロリーナ？」

「ああ、いいよ。でも電源のつけ方も知らないんじゃないか？」

「使い方はよく分かるわ。間違いなくあなたより勉強してるわ」

「勉強が何の役に立つって？　コロンビアでは専門職の人だってタクシーの運転手になるしかないんだから。壁に貼った賞状が何の役に立つのさ。それで家族が空腹を我慢してるんだったら、売春をしてる方がましだよ」

「ああ、アルベイロ。このプレゼント、本当にありがとう。絶対にあなたのこと忘れないわ」

「そうだといいね。故郷に帰って金持ちになったら、この友人のことを思い出してくれ」

「アルベイロ。知り合えてよかったわ。プレゼントをどうもありがとう」

「こちらこそ。君にふさわしいプレゼントだ」

私はパソコンが手に入ってうれしかった。開けたり、閉めたり、じっと眺めたり、いろいろなプログラムを探したり。これを使って自分の感情を表現したり、日記を書いたりするのに使いたいとわくわくしていた。悲しみ、涙、苦しみをそこで吐き出したかった。何か自分の役に立つことを始めたかった。その夜は仕事に行かなくてよかったので、パソコンを使って何時間も手紙を書いたり、絵を描いたりしてうれしい時を過ごした。

こうして日本での日々が過ぎ、数カ月が経った。生活とは呼べない生活、中身のない私の世界、尊厳も愛もなく、自尊心やアイデンティティまで失ってしまった。自分が存在しているのかも分からなかった。自分では選ばないような服を着て、したことのない様な化粧をし、厚底のヒールを履き、私の好みからかけ離れたミニスカートをはいていた。髪はくすんで色が褪せ、使いすぎた膣は乾ききっていた。それに、性欲というものが失せた。女性であることを捨てていた。愛されていると感じることがなくなってしまった。二一歳の女性にとって、その感覚は大切なことだった。私はトランクの中に夢をしまい込んでしまった。決して自分で受け入れることは出来ない人格……しかし、与えられてしまった以上その人格を保ち続けるしかなくなっていた。

インターネットで見つけた幸せ

ついにパソコンがインターネットに繋がった。うれしかった。チャットのチャンネルをいくつか見るうちに、面白そうな二〇歳から三〇歳男女の意見交換サイトを見つけた。コロンビアの失業問題が話題になっていた。するとピノキオというハンドルネームの若者が現れた。

「オラ、ピノキオ。あなたは男？　女？」

「男だよ。オフィスですることがなかったから、何か楽しいことがないか探してたんだ」

「あら、私もつまらないから、何か気分転換になることをして嫌なことを忘れようとしているの」

「名前は？　出身は？　何歳？　何をしているの？」

「どうしたの？　質問攻撃じゃない。どうしてそんな爆撃みたいに」

「アハハ。違うよ。ただ、この画面の向こうにどんな人がいるのか知りたかっただけだよ」

「ピノキオ」は、カルロス・アンドレスというメデジンの若者だった。父親の木材会社で働く二二歳の独身だった。まさか彼の存在で私の日々が喜びでいっぱいになり、私を生まれ変わらせ、私の生活を嵐から希望へと変えるなんて、思ってもみなかった。私たちはインターネット上で恋人同士になった。カルロス・アンドレスは、毎日愛のメールを送ってくれて、日々の出来事を話してくれた。電話で両親や妹を紹介してくれた。

起きたら真っ先にメールチェックをした。毎日、愛のメッセージが送られてくるからだ。彼のメッセージが来ると私は元気になり、愛されていると実感した。いつも誠実で、はっきりした意見を持ち、私にオープンだった。私は、日本での状況については一切話さなかった。嘘をついて、父親のビジネスのために日本にいるのだと話した。私たちは、すてきな愛の物語を綴っていた。彼は、マイアミから日本にプレゼントを贈ってくれた。

カルロス・アンドレスは、しばらくの間コロンビアからマイアミに旅をしていて、彼の叔母さんの家に滞在していた。私にとても会いたがっていて、一緒に時間を過ごせると期待していたようだったが、もちろんそんなことはできなかった。いつも理由を作って、行けない言い訳をした。

何度、言い訳をしても、カルロス・アンドレスは私の悲しくて苦い日々を満たしてくれた。彼は私を信じ、いつかは状況が変わると思っていた。日本で生活しながら、交際を続けた。彼の心の中には、いつも私がいた。物理的に一緒にいなくても、この世で一番幸せな女性だと思わせてくれた。私たち二人はインターネットを通じて恋をした。電話やチャットで愛を確かめ合った。遠くに離れていても、カルロス・アンドレスは私に女性であることを感じさせてくれた。私は生きている、私は彼にとって重要なのだと思わせてくれたのだ。

マニージャは徐々に私たちの関係に気づき始めていたが、知らん振りをして、こう言うのだった。

「自分は売春婦だってことを頭に入れておくんだよ。恋をする資格も、女であると感じる資格も、幸せになる資格だってないんだから。いつか幸せだと感じることがあったとしても、日本で売春婦だったという十字架を常に背負い続け、記憶や罪から逃れられず、好きな人から非難を受け続けることになるんだ。男はあんたに敬意を払ったりはしない。奴らは女たちを利用することしか考えていない。そうさ、男たちにとってはセックスの相手でしかないんだよ。そうだろ」

「あなたには感情というものがないから、そう考えるかもしれません。あなたには心がない。愛情のことなんて分からないわ」

「どうせうまくいかないから言ってるんだよ。写真で見ただけの男にどうやって恋したって言えるんだい？そいつが存在するって確信がないのに。触ったこともないのに愛しているって言えるのかい？　全く馬鹿な話だよ、ケリー」

「ねえ、私にも希望を持たせてください。人生の苦みを十分味わってきましたよ。この悲惨な生活の中で少しでも幸福感を味わせてください」

「ああ、今のはあたしが悪かったね。コロンビアの肥溜めから引っぱり出してあげるよ。それまで飛行機にも乗ったことはなかったろう。それにこの日本では、コロンビアで決して手に入れらないものが手に入るんだ」

「ええ、そうね。それは私もよく分かっています。他人のためにお金を稼ぐこと、私の理性や誇り、そしてわずかに残っていた私の純粋さをズタズタにすることでしょ」

「ねえ、ケリー。あたしたちは絶対に分かり合えないいんだよ。水と油みたいなもんだ。仲違いしないで、この話はここまでにしておこう」

「ただ一つお願いしたいのは、私の好きな人のことに口を出さないこと。私のやりたいようにさせてください。あなたへのお金は払います。だから私のものには触れないで下さい。その中にはカルロス・アンドレスも入るわ。あなたが茶番だって言おうが、私と彼にとってはとても価値のあることなんだから」

「あたしはただ、人間関係ってのは嘘をつかずに作るもんだって言っただけだよ。あんたはその子を騙しているんだよ。もし関係をうまく築きたいなら、本当のことを言えばいいじゃないか。私は売春婦です、って。それで生活しているって」

「それは絶対できないわ。私が売春をしているなんて、彼が知ることはないわ」

「お好きなように。だけどそんな関係は終わることになるよ」

カルロス・アンドレスと私は、毎日さらに多くの愛のメッセージを送りあうようになった。それはとても特別なことだった。私は路上で客を取れる優秀な売春婦だった。早く借金を払い終えたかった。そしてコロンビアに帰り、家族とカルロス・アンドレスと一緒になりたかった。会いたくて仕方がなかった。彼と私がモニターを通じて分かち合ってきたものが、すばらしい現実のものであると証明するために。毎朝起きたらすぐにメールをチェックして、彼からの新しいメッセージが届いているのを確かめた。

私たちは何でも話した。お互いの好みや生活スタイル、夢中になっていること、服のスタイル、好きな香水、セックスの好みまで話した。カルロス・アンドレスは別れた彼女との問題も話してくれた。私たちにとってお互いが不可欠な関係になった。

この関係が数カ月続いた頃、奇妙なことが起きた。コロンビアの電話番号やメールアドレス、住所などが書かれた手帳が失くなってしまった。マニージャがどこかへやってしまったのだ。

「カロリーナ。黒くて分厚い大きな手帳を見ませんでしたか？　見つからないんです。聖書と一緒に置いてあったのですが、聖書しか見あたらないんです。どうしたんでしょう」

「何でそんなことをあたしが知ってるっていうんだい？　その辺にあるんじゃないの？　どこかに置き忘れているんじゃないのかい」

「そこには家族やカルロス・アンドレスの情報もあったんです。それが必要なんです」

「だから知らないって。もう行かなきゃいけないから。まだインターネットの愛を信じているお馬鹿な夢想家の気まぐれにつきあっている暇はないんだ。アハハ。全く知らない人に恋する女。もう少しお利口さんだと思ってたんだけどねえ。じゃあね」

マニージャが私の電話帳を持って行ったということは分かっていた。あのひどいメス犬が私の情報やカルロス・アンドレスのことで何かをしようとしているのも知っていた。こんな生活をしていても、私には私のことを信じてくれる人、私に価値を見いだしてくれる人がいる。そんな私にあの女が嫉妬しているのも知っていた。マニージャは何か悪巧みをしている。あの女は幸せな他人を見ることに耐えられないのだ。

思いがけない出会い

久しぶりにパトリシアと新宿駅で会う約束をした。パトリシアは、私がヤクザにオミセから追い出された後のことを話したがっていたのだ。新宿のある待ち合わせ場所でお互いを見つけた瞬間、私たちは抱きしめ合い、泣き笑いをした。

日本での時間がこんな風に過ぎるとは想像していなかった。池袋のひどい売春婦だった私は、今では横浜で一番の売春婦になり、マニージャに操られて苦しんでいた少女が、復讐、恨み、そして憎悪を心に持った女性に変わるとは。故郷を想い、毎晩泣き明かすこともなくなった。少し泣くと涙は枯れ、どうしたら仕返しできるか考えるようになっていた。

「パティ、教えて。どうしてたの？　サトウは？　その後、彼に会って話をした？　新しくお店に来た子達にもああいうことしたの？」

「ちょっと待ってよ。そんなに一度に答えられないわ。あれからサトウは、お店の女の子とは誰とも口をきかなくなった。オミセに来るのは、仕事の指示をする時だけ。普通にみんなに挨拶するけど、私を見るととても特別な人を思い出すって言うのよ。彼が言った通りに言うわよ。『パトリシア、君の顔を見るたびに、あの美しい、人形のようなケリーの顔を思い出す。君たちはいつも本当に仲良しで一緒にいたね』って」

「本当にそんな風に私のことを言ったの？　だったらどうして、あんなに甘く愛してくれたかと思ったら、オミセから私を追い出したのかしら。一生理解できないわ」

「あなたも分かってるでしょ。あの捜索のことをドラに言ってはいけなかったのよ。それは裏切りなの。殺されなかったことを喜ぶべきよ」

「それはそうね。残念だわ。だってあの人は本当に、いいえ、本当はいい人なのよ。彼とだったら、結婚して子どもを産むのに！」

を守るわ」

「日本人の男と一緒になるなんて考えられもしないわ。私はお断りです。私はラテン人とラテンの血統

　私たちは笑い転げた。

「で、ドラはどうなったの？　何か知ってる？」

「ドラは一カ月だけ刑務所に入って、その後、航空券を買ったらすぐにペルーに強制送還されたわ」

「本当に彼女には申し訳ないと思ってるの。彼女を助けたかったわ。でもその結果、私はマニージャの元に帰って、またこの永遠の悪夢にまた耐えなくちゃならなくなったのよ」

「馬鹿《ボバ》ねえ、イラン人のマムートがマニージャを殺してあげるって言った時に、なんでそうしなかったのよ」

「パティ！　なんてこと言うのよ！」

「アミーガ、冗談だってば。だって目の前に解決方法があったのに、使いたがらなかったんだから」

「何度もそうしたかったのは否定しない。でもね、どん底に堕ちた売春婦になっても、人殺しするまでは堕ちなかったわ」

「知ってるわよ、ただの冗談よ」

「相変わらずね」

「じゃあ行きましょう。デパートでかわいい服を見つけたから頂こうかと思って」

「パトリシア、ほんとに変わってないわね。まだやってるの？」

「言ったでしょ？　日本にいる間、私は何も払わないの。あなたは馬鹿みたいに全部買うんだから」

「馬鹿じゃなくて、私は刑務所行きになりたくないだけよ。売春婦で泥棒だなんて……」

「そう。売春婦で泥棒。甘くて美味しい。アハハ！」

「こればかりは付き合えないわ。行ってらっしゃい。私はここで待ってるから」

パトリシアが『買い物』に行っている間、私はレストランでコーヒーを頼み、外に出て道端で立ち止まった。なんとなく外にいたかった。コーヒーを手に街角に立っていると、私を見つめる誰かの強い視線を感じた。

信じられないことに、あのヤクザのサトウだった。あの美しい高級車でゆっくりと通り過ぎていく。スモークでウィンドウガラスが黒くても、それが彼だと分かった。あの車を忘れることはできない。心臓がドキドキと激しく鼓動し、他の車の合間に見えるその車を見ながら独り言を言った。

『窓が開きますように、開け、開け、彼が見たい』

ビンゴ！　ウィンドウがゆっくりと下がると、サングラスを取り、サトウは私に向かって少し頭を下げた。私も同じように頭を下げたが、その後、遠ざかる車が見えなくなるまで、投げキスをし続けた。死ぬほど戻ってきて欲しかった。もう一度、彼と愛し合いたくてたまらなかった。それから五分位経って、パトリシアが三つの大きな袋を手に戻ってきた。そして、そのうちのひとつを私に手渡した。

「ほら、臆病者さん。これあげるわ。私のこと嫌いになった、なんて言われないようにね。今日はいっぱいお金使ったわよ。一番良質で高価なのを二人分買ったんだから」

と笑った。

「で、どうしてそんな間抜け面してるの？　何かあったの？」

「ねえ聞いて！　信じられないかも知れないけど、今さっき、サトウの車が通ったの」

「ケリー！　日本にサトウの車みたいなの、何台あるか知ってる？」

「たくさんあることくらい知ってるわよ。でも、彼の車は特別なの。何キロも離れたところから見ても分かるの」

「あの黒いガラスでどうやって彼だって分かるのよ？」

「彼がウィンドウを下げて、私に挨拶したからよ」

「うそ！　本当にウィンドウを下げて挨拶したの？」

「キスしたりなんだり、っていう挨拶じゃないわよ。でも遠くから、ウィンドウを下げて、頭を下げたの。私に挨拶するように」

「ああ！　アミーガ！　運命って奇妙なものね」

「そうね」

その後、パトリシアに今の生活についていろいろと話し、強く抱きしめ合って別れた。二人とも泣きたかったが、泣かなかった。

私の人生の物語に登場する人物の多くは現れては消えていった。ただ、パトリシアだけが残った。池袋に初めて着いた夜に私と一緒に隠れてくれた人。私がヤクザに襲われた時に助けてくれた人。私が心の中に感じていた怒りや大切な想いをいつも聞いてくれた人。パトリシアとはただの友達ではなく、姉妹のようだった。今でも、彼女がしてくれたことすべてに感謝している。パトリシアが良い人生を送れるように、どこにいようとも神様が彼女と娘を守り、愛と幸せと平和で包んでくれるように、と願っている。

消えた夢

ネットで知り合ったカルロス・アンドレスとは美しい関係が続いていた。私はテレフォンカードにたくさんのお金を費やし、電話で何時間も話した。それが私の悲しみを癒してくれる唯一の方法だった。母とはよく電話で話していたが、彼女は信仰深いカトリック信者だった。別れ際にはいつも、私に神の祝福を授け『いつかあなたと会って強く抱きしめられますように』と言うのだった。

　カルロス・アンドレスとは、遠くにいるにも関わらず家族にも認められ、幸せな時を過ごしていた。しかし、それはマニージャのせいで全て変わってしまうのだった。

　ある日、私は道でお客さん探しをしていた。夜中の三時に突然、非通知番号の電話が鳴った。

「もしもし、もしもし」

　カルロス・アンドレスだった。

「夜中の三時に起きて何してる？　なんで車の音がして、君は眠そうな声をしていないんだ？」

「ちょっと薬を買いに出たの」

「どうして嘘をつくんだ？　何のために、これまでずっと僕をもて遊んできた？　どうして本当のことを言わなかった？　言ってくれよ」

「何のこと？　私はあなたをもて遊んでなんかない。あなたを愛してるのよ」

「お願いだから、もう嘘はよしてくれ。もう茶番はおしまいだ」

「何のことだか分からないわ」

「は！　何のこと、だって？　よくもあつかましくそんなことが言えるな。もう全部知っているんだよ。君が日本で身体を売っているメス犬だってことも、そんな最悪のクズに僕が引っかかってしまったってことも」

「そんな根拠のないこと言わないで。そんな風に話さないでよ。何も知らないのに」

「知ってるさ、全部。ある女が三〇分前に家に電話を掛けてきた。母が出たら、その女が君について全部話してくれたよ。母はその話に打ちのめされて、今も泣いているんだよ。残念なことに、僕も家族も君が言うことを信じてしまった。よくもそんな風に僕らを操って、巻き込んでくれたね。もう君なんて知らない。君とはずっと続く関係になるとさえ思ったのに。頼むから、もう電話を掛けたり、僕を探したりしないで欲しい。メールも電話番号も変えるから。もう放って置いてくれ」

「待って。切らないで。説明させてください。お願いだから、切らないで」

「さよなら《アディオス》」

電話が切れて、プー、プーという音だけが残った。手には汗がにじみ、心臓は爆発しそうだった。間違いない。あいつ、マニージャが、私の手帳を盗んでカルロス・アンドレスに全てを話したのだ。あの女は、嫉妬と邪悪心で他人が平和に生きていることが許せない。みんなが自分のように不幸にならなければ気が済まないのだ。

公園のベンチに座り、これまでにないくらい泣いた。いまの生活の中で一番美しかった部分が、涙が一粒こぼれるたびに、少しずつ消えていくように感じた。泣き、叫び、打ちひしがれた。娘以外で唯一の心の寄りどころを失くしてしまった。まるで指の間から水がこぼれ落ちるように。愛し、愛される権利と希望を失ったのだ。

涙の海に沈みながら呟いた。

『神様、どうしてこんなことをするのですか？　私は何の報いを受けているのですか？　どうしてほんの少しの幸せさえも持たせてくれないのですか？　もし、私が何か悪いことをしたのならば、もうその罰は十分受けていると思います。もう罰を与えないでください。これ以上は無理です。これ以上生きる価値はありません。ああ、神様、もうたくさんです。お願いですからもうやめてください。これまで苦しんだ分の幸せをください。あなたを信じ、人生はいつか変わると分かっていますが、もう無理です。幸せにしてください。愛する人たちと一緒にいさせてください。私の娘を抱かせてください。愛する人を持ち、自分の場所を持ち、あなたや人々に愛されていることを感じさせてください。私に光を与え、導いてください。このままでは死んだほうがましです』

しばらく泣くと、少し落ち着き、冷静になって考えた。「もし、このことをマニージャに訴えたら、殴られ、すべてを否定され、あの女の虐待に耐えながらお金を払い続けなければならない。黙って何も言わず、何事もなかったかのようにすれば、マニージャのそばに居続けることができる。情報を集めてコロンビアで訴えるわ」

その上、マニージャを逮捕させるためには、コロンビアに帰国するお金も貯めなければならなかった。覚悟はできた。もうこれから1円足りとも無駄には払わない。戦いの準備はできた。あの女が私にしてきた一つひとつのことを復讐をするために。

私は、まるで何事もなかったかの様に日々を過ごした。その後、カルロス・アンドレスについて知ることはなかった。

これまでの様に身体を売り、日を追うごとにより多くの客を取り、より多く稼ぎ、池袋の路上にいる他の売春婦たちの誰もかなわないような一番の売春婦になった。できる限りのお金をさらい、集め、また集め、その半分を隠し、マニージャにトオカを全部渡さなかった。

いつも、マニージャには、十分なお金を持ってない、お客さんがいなかった、などと言い訳していたが、マニージャは私が働く道のヤクザとは知り合いではなかったから、私が本当のことを言っていたかどうか知る術はなかったのだ。

マニージャがカルロス・アンドレスのお母さんに全てを話してから、こうして時間が過ぎていった。その頃までに、私はマニージャの写真、証明書、本名など、コロンビアでマニージャを訴えて拘留し、彼女が日本に連れてきた女性たち一人ひとりへの報いを受けさせるのに必要な情報を全て手に入れていた。

自由の代償

「ケリー、前にあんたがあたしみたいに稼ぎたかったら、自分のタレントを持てるように手伝ってあげるって言ったの覚えてるかい？」

「はい、覚えてます。でも、私は他の人を傷つけるようなことに興味ありません。誰かを連れてきて、私と同じような生活をさせたいなんて思いません」

「あんたに取引の話があるんだよ。もし誰か友達を説得してこっちに来るようにしたら、その子があんたの借金の残りを返すことにして、あんたを自由してあげるられるよ」

「それなら、どうして私の時みたいに、ただのダンサーだと言って騙して連れて来ないんですか」

「その手はもう使われ過ぎていて、新しい手法や戦略が必要だからだよ」

「じゃあ、もうこれ以上、女性を連れてくるのをやめたらどうですか。もうたくさん稼いだんですし、もうこういうことはやめて、息子さんのことを考えたらどうですか。彼をとても愛してるって言いませんでしたか？」

「エステバンのためにやっているんだよ。彼の将来を保証するためにね」

「あなたは、他の人たちを犠牲にして息子の将来を保証したいんですか？　悪事によって稼いでいる、そのお金が本当に彼のためになると思うんですか？」

「ああ、ケリー。誰かがその言葉を聞いたら、あんたがとってもすばらしい人だと思うだろうよ」

「そういうことじゃないんです。私はマザー・テレサでも何でもないことは分かっています。でも、私は、あなたと同じようなことをしながらのうのうと暮らすことはできません」

「誰かひとり女の子を連れてきておくれよ。言いたかったら、その子に本当のことを言ったらいいさ。あんたがここにいるんだから来るよ。疑うわけないさ」

「私にはできません。それに、こういう生活を受け入れるような友達はいませんから」

「あのね、空軍基地から友達のレネーがくるんだよ。だから、この機会をうまく使いたいんだよ。誰か連れてくれれば借金を返済して、あのインターネットの彼のところに行って結婚できるよ」

「なんて面白いこと言うんでしょうね」

「コロンビアにそんなに帰りたいんなら、これがチャンスだよ。タレントを一人連れてきたら、あんたは行っていい。騙さずに、本当のことを言ったら、その子が来るかどうかは自分で決めるんだから。少なくともやってごらんよ。それがあんたの幸せの始まりになるさ。コロンビアに帰ったら、娘や家族、バーチャル・ボーイフレンド、誰にでも会えるんだよ」

「わかりました。一人だけ心当たりがあります。でも、来るかどうかは分かりません。その子は私の友達ではなくて、こっちに来る前、パスポートを取っている時に会ったボゴタの子です。彼女は今までどこにも行ったことはありませんが、つてができたらすぐ動けるようにパスポートを取っていると言っていました。そして何かあればと電話番号をくれました」

「そう、じゃあ電話して聞いてごらん」

　私はその子に電話をした。

「カミーラ？　私、マルセーラです。パスポートのオフィスで会ったのだけど、覚えているかしら？」

「ええ、日本に行ったマルセーラ？」

「そう。私よ」

「もうコロンビアに戻ったの？」

「いいえ、まだよ。まだ日本にいるの」

「いいじゃない！　教えて。私も行けるチャンスあるかしら？　誰か私を連れて行ってくれる人、いるの？」

「だから電話をしたの。来たい？」

「もちろんよ。一刻も早く」

「でも、ここの生活は楽じゃないわよ。身体を売るのよ」

カミーラは笑った。

「高齢者介護のために日本に行くんじゃないことくらい分かってるわ。もちろんよ、馬鹿なこと言わないで。コロンビアで身体を売って十万ペソ（約七五〇〇円）なんだったら、そっちでやらないわけないわ。円でもらえるんでしょ？　もちろん行くわ。どうすればいいか教えて」

「じゃあ、私のマニージャにかわるわ。そっちで何をして、誰と会ったらいいのか説明するから。それじゃあ、上手くいくといいわね。また会いましょう」

マニージャがカミーラに手順を説明し、あのボゴタの男性《ピポ》への連絡方法を教えた。そして、たった一週間でカミーラは日本に到着した。どんな条件や方法で来たのかは分からないが、カミーラが日本に着くと、マニージャは言った。

「ケリー、あんたに約束した借金のこと。カミーラが到着したから、もうあんたは自由だよ。行っていいよ」

「本当ですか？　いつ行っていいんですか？」

「行きたければ今日行ったっていいよ。息子があんたに懐いていたから残念だけど」

「エステバンは大好きですが、私は行きます」

幸せだった。服を詰めた二つの小さいスーツケースを持って外に出た。あまりにもうれしくて、行く場所なんてないことさえ気づかなかった。ただ、自分の物を持って、家を出たのだ。マニージャは荷物をチェックして、私が家から何も持ちださないように見張っていた。私が去ることによる影響はそれくらいしかないのだ。ただ、マニージャが知らなかったのは、私のお金と私が知っているマニージャの情報が、池袋駅のロッカーに入れてあるということだ。皮肉なことに、すべてが始まったあの場所に、私は彼女を訴える証拠を持っているのだ。電車に乗って、池袋駅に着くと、ある柱の下に座り込み、パトリシアに電話を掛けた。

「もしもし？　パティ、私よ。ねえ、私は自由。風のように自由なの」

「何のこと？　前回会った時は、まだ二〇〇万円位借金が残ってたでしょう？　どうやって全部払ったの？」

「話せば長い話よ。でもちょっと問題があって、行く場所がないの」

「じゃあ、うちに来なさいよ。私はロシア人の子と住んでいるの。彼女には誰にも言わない様に頼むから、住む場所を見つけるまでここにいていいわよ。サトウと問題にならないようにね」

「わかった。じゃあそっちにいくわ。二時間後に会いましょう。ああ、早く会いたい！　本当に幸せだわ！　じゃあね」

私は幸せだった。自分の目と表情が新しい現実を映し出していた。もうあの女のために働かなくてもいい。もう私はただの「タレント」ではない。自分が稼ぐお金は自分のもので、一日一二時間道に立つ義務もない。もう好きな服を着ていい、髪の色を変えてもいい、大声を出しても、笑ってもいい、自分の好きなことをしていいんだ。だって、やっと自分の生活が自分のものになったのだから。

電車に二時間揺られて、やっとパトリシアの家についた。私たちは泣き、笑い、とても幸せだった。オレンジジュースでお祝いをした。自由に、人生に、家族に、そしてコロンビアに乾杯した。

私たちは一緒に経験した様々なことを思い出して笑った。結局ちゃんと身につかなかった私の日本語に笑い、私がどれだけひどい売春婦だったかを笑った。お客が来ると他の子は捕まえにいくのに私は逃げようとしていたあの頃を思い出し、また笑った。

マムートの話、インターネットの彼の話、そしてヤクザのサトウの話、全うできなかった展示会のことから、私が日本で経験したひどい出来事まで全部話した。私は、ついに見続けた悪夢が終わったと思った。私たちは本当にうれしかった。

私は自由をかみしめ、幸福の絶頂にいることを感じた。

こうして、誰にも知られずにパトリシアのアパートに隠れる日々が過ぎた。私がそこにいることをヤクザが知ることもなかった。パトリシアに手伝ってもらい、私が働ける場所、航空券、そしてコロンビアに帰国するのに必要なお金を準備した。

パトリシアにはリリーという友達がいた。リリーはヤクザと友達だったので、新宿のフィリピン人ばかりが働く路上で働くことができた。パトリシアがリリーに電話をして仕事ができるように頼んでくれたのだ。

Historia 7

生還

新宿の路地で

新宿のある街角に着くと、リリーが私を待っていた。ボゴタ出身の彼女は五〇歳を過ぎており、二人の子どもたちにはありとあらゆるものを与えた。いい学校、いい大学に行かせた。しかし、二三歳の下の息子はドラッグの世界にはまってしまい、そこから抜け出すことができなくなっていた。

とても高潔なリリーは、息子のことで自分を責め、いつも泣きながら話した。お金はすべてではないと言っていた。自分の息子が求めていたのは、電話で銀行口座の暗証番号を教え、欲しがるものを何でも買ってくれる母親ではなく、朝ご飯を作り、神の祝福を祈り、出かける時に送りだしてくれる母親だったのだと。こうして自分の痛みを胸に、人生の教訓を私に教えようとしていた。

この路地はフィリピン女性の領域で、二〇人位のフィリピン女性が立っていた。ヤクザの友達のリリーが唯一のコロンビア人だ。とても細い路地で車は通らず、自転車だけが通っていた。ここは交番からたった一ブロックで、警察も私たちがここで何をしているか知っていた。

しかし、警察もヤクザとつながっているため、私たちの邪魔はしなかった。この路地にはホテルがたった二軒しかなく、どちらも醜く、汚く、安かった。他では少なくとも二万円が相場なのに、ここの客は一万円から多くても一万五千円しか払わなかった。一万五千円もらえたら奇跡というくらい希なことだった。

リリーがヤクザに話をつけてくれたので、私もここで仕事ができるようになった。しかし、その前にそのヤクザと寝なければならなかった。彼は太っていて醜く、きつい度つきのサングラスをしていた。

ヤクザのくせに賢くなさそうな顔をしていた。私はそのヤクザと寝た。彼の上に一瞬乗って、テストに合格した。こうしてリリーと新宿のこの路地で働くことになった。

私たちが働く道を妊娠七カ月位のコロンビア人女性が五人の子どもを連れて、頻繁に通った。その女性はロレーナといい、メデジン出身、二六歳で、もう日本に来て長かった。彼女も以前は売春婦で、借金を二度払い、ドラッグとアルコールに溺れていた。とても太っていて、醜く、だらしのない格好をして、人からの慈悲で生活をしていた。お金がない私でさえも彼女が哀れに思え、見かけると食事代を払ったり、何かをあげたりしていた。

メデジン出身のたった一六歳の女の子もよく通りがかった。その子はジョアナといい、リリーの友達だった。とても美しく、色白、緑の目をした金髪の少女で、身長は一七〇センチ位あった。彼女を見たのは大変な衝撃で、話を聞いてさらにショックを受けた。ジョアナの母親はとても醜く、もう擦り切れていたので、男性は彼女に寄り付かなかったし、同情からでさえも寝たがらなかった。そのため、母親は一四歳の娘を売春婦にするために日本に連れてきたのだ。

生活とドラッグ代のために娘に身体を売らせた母親は、麻薬中毒者だった。彼女は男性客を連れてきて仕事の仕方を娘に教えていたのだ。

哀れなジョアナは母親のために売春をしていた。ドラッグを母親に与え、自分もコカインをやっていた。私自身、客とホテルに行く前に、道の真ん中で彼女がコカインをやっているのを見たことがある。

ジョアナのように、多くのコロンビア人女性たちはドラッグやアルコールに手を染めていた。自分の国や人、文化、愛する人から遠く離れていること、あるべき普通の生活からはかけ離れた生活をしていることを忘れるために。

宣戦布告

ある日、私の携帯が鳴った。

「もしもし？　ケリー？　あたし、カロリーナだよ。あんたが紹介してくれたあの子が逃げたんだ」

「それが私に何の関係があるんですか？　そんなの私の問題じゃないわ。あなたと話すことなんてもう何もありません」

「何か間違えてないかい。もしあんたの友達が逃げたら、彼女の借金はあんたが払わなくちゃいけないんだよ」

「どうかしてますよ。私はもう払うべきものはすべて払いました。もうほっといて下さい」

「ほってなんておかないよ。もうヤクザがあんたを日本中で探してる。あんたをここに連れてきて借金を返すようにね」

「お好きなように。石の下を探したって見つかりませんから。もう私はあなたが連れてきた頃の馬鹿な子じゃない。もうあなたの脅しにはうんざり！　もうたくさんよ！　どうぞお好きなように。あなたに仲間がいるなら、私もそう。一人じゃありませんから」

「可哀そうな愚か者だね。あんたは取るに足らない人間さ」

「そうね、私は何者でもないわ。でも、コロンビア大使館で、あなたが私にしたこと、あなたが連れてきた他の女の子にしたことすべて話したらどうなるかしら。あなたがカルロス・アンドレスのお母さんに電話したことだって知っているわ。でも、ひとつお聞きしたいんですが、私がここにいるのは、あなたが連れてきたからだって言いました？　言ってない、そうでしょ？　そんな事言わないですよね。あなたは私に影響すること、あなたに都合のいいことだけしか言わなかったんですから。あなたは自分が強いと思っているかもしれないけど、私だってそうよ。さあ、どっちが勝つかやってみましょう。あなたがしたことすべてを話すのなんて怖くない。そして、私を殺すのなら、全部話してしまう前、たった今殺したらどうですか？　家族を脅迫したり、殺し屋を送るなんて考えもしないでくださいね。だって国に帰れば大統領府治安局や警察がいるんですから。今度は私がどんな人がを思い知る番よ」

「お嬢ちゃん《ムチャチータ》、私を脅すのはよしな。あんた、あたしが誰だか分かってないね」

「知らないわけないでしょう？　あなたが誰だかはよく分かってるわ。神が創った最悪のクズ、ドブネズミよ」

「そんな言葉、言わせないよ。訴えるなんて脅して。あたしは金を持ってるんだ。コロンビアで人を買収するなんて簡単さ。あっちで欲しいものは何でも買える。どんな判事だって買収できるんだ」

「どうぞ、何でも好きなものを買ったらいいわ」

　そして電話を切った。手には汗を握り、心臓は爆発寸前だった。

「まさか、あの女だったの？　どうしてそんなこと全部言っちゃったのよ？」

「コロンビアから来た子が逃げたの。あの女は私からそのお金を取り立てたくて、私をまた捕まえたいのよ。でもね、リリー。彼女の下で働くくらいなら、死んだ方がまし」

「落ち着いて。心臓発作起こすわよ」

「ぴったりじゃない。あの女のとこに行くくらいだったら今死ぬわ」

「パティーに電話して、どうするか考えましょう」

「もうどうするかは決めてるわ。大使館に行って、とにかく知ってることを全部話すのよ。もうあのメス犬のことはもうたくさん！　もうあの女の脅しなんかにコントロールされないわ」

「でも、ほらもう夜七時よ。この時間じゃ大使館も閉まっているし、チンピラが揃ってあなたを探しているはずよ」

「ええ、そうね。じゃあどうしよう」

「コロンビア行きの航空券代は持ってるの？」

「あると思うわ。ここを出るために働いてお金を貯めてきたんだもの。もうここにはいられない」

「でも、あんなに借金を払って、お金もなくどうやって日本から出るつもりなの？」

「私は、自分に残っている誇りだけを持って帰るわ」

「わかった、じゃあ私のうちに行きましょう。あなたのマニージャは私のことを知らないから。それに、誰も私がどこに住んでいるか知らないわ。あなたは夜が明けるまでそこに隠れていて。そしてパトリシアに電話して、彼女のアパートからあなたの荷物を持ってきてもらうのよ。そうすればコロンビア大使館に直接行けるわ。パトリシアと私ももちろん一緒に行くから。独りぼっちでは行かせない」

「分かった。ありがとう」

「でも、本当に行きたいの？　あの女を告発しない、っていう選択肢もあるのよ。あなたが問題に飛び込んでいくみたいで心配なの。あの人たちには、ここにもコロンビアにもたくさん知り合いがいるから、あなたは不利だわ」

「私に神様がついてないと思ってるの？　神様が、私に何か起こるのを黙って見てると思う？　私はただコロンビアに戻って、あの人たち一人ひとりに私にしたことの報いを受けて欲しいだけ」

「もし、それがあなたの望みなら、私に任せて。私があなたを大使館まで連れて行くわ」

「ええ、お願い《ポルファボール》。この恩は一生忘れないわ」

「いいのよ」

リリーのアパートに着き、休んで夜が明けるのを待った。パトリシアは始発電車で私の荷物とお金を全部持って来ることになっていた。彼女にはいつも心から信頼を置いていた。

なんと不思議な感じだろう。日本に発つ前のあの晩と同じ気持ちになり、まるでフラッシュ・バックを見ているようだった。目を閉じると、私が母の家にいて、娘やみんなが寝ているところを見ている気持ちだった。コロンビアを発つ前夜のように。

日本で経験した悪夢のような出来事が頭に蘇り、涙が出て、心の痛みに寝返りを繰り返した。息ができず、神に私をこのまま見放さない様に頼んだ。そして祈った。

『神様、あなたを失望させてしまいごめんなさい。愛する人たちや自分の家のありがたさ、家庭の温かさを理解しなかったことをお許し下さい。そして、簡単にお金を手に入れようと思ったこと、私がしてしまったことをお許し下さい。私の願いはコロンビアに戻り、もう一度みんなと一緒に過ごすことだけです。こんな状況から逃れられることを証明し、お金を簡単に儲けようとする多くの女性たちに良い例を見せたいのです。神様《セニョール》、力をお与え下さい。あなたの光で人生を正せるようにお導き下さい。またやり直せるようにお助け下さい。私は魂と心を洗い流さなければなりません』

長い間泣き続け、日本で生き抜いた日々を頭の中で再び振り返っているうちに、夜が明け、パトリシアが私の荷物を持って到着した。一つのスーツケースの中には少しの服と靴、最悪の状況の時にも、いつも手元に置いていた小さな聖書と、やる気を奮い起こしてくれた家族や娘の写真が入っていた。

「ケリー、私の友達《ミ・アミギータ》、何があったの？　どうしてこんな風に行ってしまうの？　全然理解できないわ。もう借金を払ったんだったら……」

「そう、だけど実は、最近着いたあの子が逃げてしまって、マニージャが私に彼女の借金を払えって言うのよ」

「あのメス犬、どうかしてるわね。でもどうしてあなたなの?」

「私をコントロールできる愚かな女だと思っているからよ。でもこれ以上そうはさせない。もう私を脅迫させない。今すぐ大使館に行ってあの女について知っていること全部話すのよ」

「好きなようにしたらいいわ。でもほら、行く前に身なりを整えて変身して、誰にもあなただってことが分からないようにしなくちゃ。この時間だったらもうチンピラがみんなで探しているだろうから」

「最悪なことに、コロンビア大使館に行って訴えてやるって言っちゃったから、チンピラが最寄り駅で待ってるに違いないわよ」

とリリーが言った。

「まったくもう。あなたは間抜けなの? 予告しちゃって、どうやってあなたを大使館に連れてくのよ?」

「分からないわ。だって、頭にきちゃったんだもの。脅されながら生き続けるのにもううんざりしてたの。もう自分の人生を生きられないのはたくさんだって」

「もうどうだっていいわ。済んだことだから。とにかくコロンビア大使館に何とか連れて行くわ。リリーと私がいるから。でもまず落ち着いて。何があろうとあなたは一人じゃないんだから」

「リリー、ケリーのスタイルを隠せる服持ってない? えっと、太って見えるようになるものとか、黒髪のかつらと帽子とか、何かそんな感じの……」

「ケリー、ちょっと探してみるから、その間にお風呂に入って。ここを出る時には新しい『ルック』になるようにね」

「二人ともありがとう。どうやって恩返ししたらいいか分からないわ」

「そんな感傷にひたってる場合じゃないわよ。今は、どうやって誰にもバレないようにコロンビア大使館まで行くか考えるのよ」

二人は、私をすっかり変身させてくれた。ブーツ、黒髪のかつら、黒い帽子に黒のスーツ。リリーと私が一緒に出て、パトリシアは反対側を行った。パトリシアと私がどこかで落ち合うと考えてチンピラがパトリシアを追っている間に、私とリリーがその追跡をかわすためだった。

そして、私たちが考えていたまさにその通りに、新宿駅には二人のチンピラがいた。標的の私たちが見ていたなんて全く気づかずに、パトリシアを見ると彼女を追っていった。そこからあと五駅で、電車を乗り換えた。

その間もパトリシアと電話で連絡を取り合った。彼女も電車を何度も乗り換えていたが、池袋駅を出たところで二人のチンピラに捕まった。

「ケリーはどこだ?」

「全然知らないわ。何日も会ってないし。もし彼女を見つけたら教えてくれる? だってあのメス犬が私のお金盗ったから取り返したいのよ。でもどうして? もしかして何かしでかしたの?」

「本当に何にも知らないんだな? でもどうして友達のお前から盗るんだ?」

「その通り。私たちは友達だったの。でももう違うわ。だから、私は何も知らないんだからほっといてくれる?」

パトリシアがチンピラと口論している間に、私たちもコロンビア大使館がある駅で二人のチンピラをかわそうとしていた。幸い二人はリリーのことを知らず、その時の私の「ルック」では私だと認識するのは到底無理だった。

駅から大使館まではたったの四ブロックだったが、その道のりは永遠に感じられた。手に汗を握り、心臓はものすごいスピードで鼓動していた。普段のサイズよりも二つ小さいブーツは耐えがたかった。ついに、コロンビアの国旗が見えた。これまでの人生で、自分の国の国旗を見てこんなにうれしかったことはない。あのオフィスに一歩足を踏み入れることは、私の自由への一歩に思えた。

到着すると、大使館はまだ閉まっていた。午前八時にはまだあと一四分あった。私は地面に崩れ落ち、泣き、扉をたたき、助けを求めて叫んだ。

「助けて下さい！　お願いですから、扉を開けて下さい。私はコロンビア人です。助けて下さい！　殺されてしまう！」

「あと一四分です。開けるまで外で待っていて下さい」

ガラスを通して、男性が言っているのが見えた。

この人は私の恐怖を理解していない。私に何が起こっているかをちっとも分かっていなかった。するとすぐに女性が出てきて言った。

「領事はもう来ますから。駐車場にいるので今すぐ」

「セニョーラ、お願いです。領事にすぐに会ってもらえるようにお願いして下さい。もう一分も待てないんです」

「分かりました。裏に行って扉を開けるように言いますから」

そしてガラスの向こう側にいた男性が扉を開ける動作をした。その時、やっと魂が身体に戻ってきたように感じた。

「一体どうしたんですか？　どうぞオフィスに入って下さい」

と領事は言った。

領事は、秘書にそれから二時間後までの約束をすべて延期するように頼み、私と二人だけで話ができるようにしてくれた。リリーは外で待つことになった。

領事との面会

「お話を聞きましょう」

私は爆発するように泣き出した。

「落ち着いて。もう大丈夫ですから。あなたは無事ですよ。でも落ち着いて。あなたは人身取引《トラフィッキング》の被害者なのでは」

「違う！　違うんです、セニョール。私はここで売春婦として、彼らのために働いているのです」

「違いません。あなたがされたことは、人身取引《トラフィッキング》と同じことなのですよ。落ち着いて。あなたの状況は理解しています。あなたを助けますよ。ちょっと待って下さい。紅茶かハーブティーを持ってくるように言いますから。まずは落ち着いて、それからお話ししましょう。今のままではきちんと話せないでしょう。心配しないで。ここにいればもう大丈夫。安全ですから」

「ありがとうございます」

まだ泣きながら私は言った。

領事は一〇分待ってくれた。私はハーブティーを飲みながら、日本で経験したことを話し始めた。話していると、少しずつ落ち着いてきた。私が経験したこの一八カ月間のことをたった二時間で話せるなんておかしなことだった。

「これからあなたが知っておくべきことをいくつか話します。人身取引《トラフィッキング》は人権に反する犯罪であり、二一世紀の奴隷制度だとも言われています。一人またはそれ以上の人を出身地から違うところへ、それが国内であれ国外あれ、強制的に移動させることです。それがあなたのケースです。騙されて日本に連れて来られ、多額のお金を支払わせるために性産業であなたを働かせ、搾取した。それがたとえ、その人が完全に騙されたのではなく、犯罪のために連れて来られることを同意していたとしても、人身取引《トラフィッキング》の被害者なのです。ですから、まず頭に入れておかなければならないのは、あなたはこのひどい犯罪の被害者だということです。あなたの意思に関係なく、彼らはあなたを利用したのです。ブラジル、ベネズエラ、そしてコロンビアでは、社会的地位に関係なく、若い女性が性的搾取のために密売人に誘拐されています。

あなたは若くて頭が良く、きれいで様々な資質を持っています。それに、人身取引《トラフィッキング》防止のキャンペーンで活動できる適正も兼ね備えています。後は、この問題について勉強するだけです。コロンビアに着いたら支援が要るでしょう。あなたを助けられる非営利団体の人に連絡して繋ぎましょう。あなたは訴訟をしなければならないし、心理的ケアも必要です。あなたが入手した情報はいろいろなことに役立つでしょう。そして、あなたと家族を保護しましょう。ただ、それはあなたからコロンビア当局にお願いすることになるのですが。

コロンビアへの送還準備ができるまで、たくさん勉強しなさい。手伝いますから。あなたの話は、コロンビアと世界の若い女性たちのためになります。私たちの国のために活動してくれますか？」

「はい、もちろんです」

「それでは、専門用語や言い回しを学べるように、読んでおくと良い書類をいくつか渡しますから」

「わかりました」

「コロンビアに戻るまでの間、宿泊する場所を準備します。心配しないで。私たちに任せれば安全ですから。そしてもう泣かないで。これからは良いことがありますよ」

「はい、セニョール。ありがとうございます」

「私にお礼なんて言わなくていいのですよ。あなたや、すべてのコロンビア人を助けるのが私の義務です。あなたは高校を卒業しているんですね」

「そうです。それにマーケティングと広報も勉強しました。私は自己啓発の本を読むのが大好きなんです」

「ではそこから始めましょう。あなたに起こった出来事を乗り越えるために本をたくさん読むのです。あなたには、すばらしい表現力とプレゼンテーション力がある。コロンビアではなんとかやっていけるでしょう。そして多くの人があなたを助けてくれるでしょう」

「そうだといいのですが。どこからどう始めたらいいかの分からないのです。それどころか何て親戚に言ったらいいかも分からないわ。どこに行っていたかと聞かれたら」

「それは些細なことです。重要なのはコロンビアに元気に帰国して、また普通の生活に戻ることです」

「そうですね。早く娘に会いたくて仕方がありません。彼女は私の人生の原動力で、彼女の笑顔を考えるだけで毎朝幸せに目が覚め、早く帰りたいと懐かしくなります。娘のために夢を見続け、彼女のために希望を捨てずに日本での出来事を生き抜いてきたのです」

「娘さんのために戻るのです。できるだけのことをしてあげられるように」

「ありがとうございます」

何も考えずに、領事の腕の中に飛び込んだ。彼が私をぎゅっと抱きしめると、日本に来て初めて保護された気分になり、涙が出た。

「すみません、領事。どうしたらいいのか分からなくて。ごめんなさい」

「大丈夫ですよ」

「本当にごめんなさい」

私は頬を真っ赤に染めて謝った。

「マルセーラ、これから秘書があなたをある場所に連れて行きます。出発するまではそこにいてもらいます。友達にも誰にもそのことを言ってはいけません。助けてくれた友達でさえ信用することはできないのです」

「でも私の荷物は?」

「あなたの友達にここに持ってきてもらいましょう」

「わかりました。言う通りにします。でももう会うことはできないのですか?」

「もちろん会えますよ。しかし、アパートからここにあなたを連れてきて、ここで会ってもらいます。これはあなたの安全を確保するためです。いいですか?」

「はい、セニョール」

領事と面談してから三週間が過ぎた。アパートには一人で住み、時々領事が送ったアシスタントがきてくれた。そして、人身取引《トラフィッキング》について知るべき情報や本などを持って領事自身も何度か訪問してくれた。出国の許可も整い、航空券も準備できた。二〇〇一年九月七日、ついにコロンビアに向けて出発することになった。母にはコロンビアに戻ることを伝えていなかった。ボゴタに着いたら連絡して、ペレイラで私を迎えに来てくれるように頼もうと決めていた。

日本を離れる日

日本での最後の日。午前五時に目が覚めた。再びコロンビアの地を踏みたい、娘や母、弟妹たちを抱きしめたいという切望と興奮で眠れなかった。もう待てない! 熱いお湯で長風呂に入り、グレーのカジュアルな上下セットの服を着てブランド物の運動靴を履いた。靴は、パトリシアが大使館に送ってくれたプレゼントだ。金髪でウェーブのかかった長い髪を二本の三つ編みにした。コロンビアでいつも使っていた柔らかい色の化粧をすると、国を出た時のあの若い自分に戻った気がした。私の身体と魂がやっと一緒になったような、バラバラだった身体のかけらが元の場所に戻ったような、そんな感じだった。笑みが顔いっぱいに広がり、私の幸せは何キロも先から離れた場所からでも感じられるほどだった。

人生は何て皮肉なの！　どうして私が日本で売春婦として働いていられたのかしら？　どうやって一八カ月であれほどの借金を払うことができたのかしら？　自分の持ち物はコロンビアに戻りたいという切望が詰まったスーツケースひとつだけ。そんな私がどうやって他人のためにあんなに稼ぐことができたのかしら？

荷物のほかに、私は巨大なミッキーマウスのぬいぐるみを手に持っていた。空港に迎えにきた娘に渡して、抱きしめられるようにと。そしてダイアモンドのネックレスが二本。ヤクザがくれたのと宝石展示会で詐欺をしたコロンビア人から贈られたものだ。それからもらいもののノートパソコン、三〇〇〇ドルの現金と、自分の生活に戻りたいという気持ちがすべてだった。

私は元の日常生活に戻りたかった。ただの普通の人になりたかった。幸せで、愛されていることを感じ、一人の男性に大切にされたいと願うただの若いシングルマザー。するとドアを叩く音がした。私を空港へ連れて行ってくれる男性だった。一八カ月の間、私の命の源となっていた夢が、もうすぐ美しい現実となる。コロンビアに、そして家に戻り、愛する人たちと一緒にいるという夢。

運転手に挨拶をした。

「オラ、セニョール。お元気ですか」

「元気ですよ、セニョリータ。もう準備はいいですか。コロンビアへ戻るフライトの時間にちょうど良い時間ですよ」

「はい、準備できています。幸せに戻る……ということですよね」

運転手はとても優しく、私が手荷物と娘の大きなぬいぐるみを持っていると、大きな荷物を積んでくれた。

「セニョール、電話を貸してもらえませんか？　私の大事な二人の友達にお別れを言いたいんです」

「どうぞ、セニョリータ。喜んで」

パトリシアに電話し、二〇分近く話し、泣いてお別れをした。今度はコロンビアで再会しようと約束した。リリーとは話せなかったが、パトリシアにも伝言を頼み、携帯にもメッセージを残した。

車で四五分間移動し、成田空港行きの直通電車が出る駅で私は降ろされた。知らない男性が空港まで付き添い、何の感情も現さずに去って行った。コロンビアから日本へ私を送り出したピポと同じ様に、人波に飲まれていった。コロンビアを発った時と同じシーンが、デジャ・ヴのように繰り返された。そんなことはもうどうでもよかった。ただ早くあの飛行機に乗りたい。

スーツケースを引きながら、幸せを感じて歩いた。航空会社のカウンターを見つけて、やっと飛行機に乗り込んだ。東京からスペインへ飛び、そこで一晩過ごさなければならなかった。少ししか手元にないお金を使いたくなかったので、マドリッドの空港で夜を過ごした。空港の端から端まで歩き、何度もトイレに行き、目に入るものすべてを見て、幸せを噛みしめた。あまりにも幸せで疲れを感じず、一晩中、落ち着かなかった。ペレイラに着いた時のことや母のことを考え、私をそわそわと待つ弟妹や娘を思った。その瞬間を想像するだけで、涙が出てくるのだった。

ついに夜が明け、搭乗手続き時間がやってきた。

「二五三〇便ボゴタ行きにご搭乗のお客様は、五番ゲートにお越し下さい」

ワオー！　「ボゴタ」と聞いた瞬間、心臓の鼓動が早まり、幸せな気持ちでいっぱいになった。

こうして、私は愛する故郷へと旅立った。フライト中は食事の時以外は眠っていた。たくさん眠り、休んでいると、予想もしない時に、コロンビアの上空を飛んでいるというアナウンスが流れた。それを聞いて涙が止まらなくなった。喜びが私の身体をすっかり包んでいた。

コロンビアへの帰国

コロンビアに到着して、幸せな気持ちに包まれた。生まれ故郷に生きて戻れたこと、そしてたくさんの愛で私を受け入れてくれる人がいることを神に感謝した。私が犯した間違いや欠点にも関わらず、私は家族にとって大切な人であり続けたのだ。

ボゴタ空港では、大統領府治安局の人たち、検事、エスペランサ財団のスタッフが私を待っていた。彼らは、空港の喫茶店で数々の質問をした。さらに質問するためにボゴタにもう一泊できないかと頼まれたが、もちろんそれはお断りした。ペレイラ行きの飛行機の時間まではいくらでもお答えします、と。

私を担当する大統領府治安局のスタッフがいるペレイラで、検察から訴訟のための連絡があると告げられた。加えて、国家警察の保護や心理的サポート、そして就職の手伝いも保証するとも。

果たして本当にそうなるのかと思っていた。日本の領事館で約束されたことは本当に果たされるのかと。私と面接をした職員はみんな「あなたをサポートする。すべてを話して。やつらの逮捕を手伝って」と言っていた。

しかし、誰も何もしてくれなかった。心理サポートも、仕事探しも、警察の保護も、何もなかった。何よりも最悪だったのは、このことで誰も逮捕されなかったことだ。しばらくして、私のマニージャが一四〇〇万ペソ（約七〇万円）を支払い、この件から手を引かせていたことをマニージャの仲間を通して知った。

私は自問した。政府のキャンペーンは何のためなの？

もし、作った政策について実際に誰も何もしないのだったら、虐待を告発して何になるの？

もう人にお願いに行くのも、援助を頼むのも、仕事を探すのにも疲れた。そんな人々にもうんざりした私は、一人で立ち向かうことに決めた。

故郷へ

ボゴタの空港でエスペランサ財団のスタッフの尋問が終わると、今度は入り混じった感情が胸に湧いてくる。何とか生き抜いて日本を出られた喜びを感じる同時に、数々の疑問が頭をよぎった。


お母さんは弟妹にすべてを話したのかしら？

私のことを嫌いになるかしら？

私に対する敬意は失われてしまったかしら？

これからペレイラで何をしよう？

どこで仕事を探そう？

再び人を愛することができるかしら？「愛」というものを信じられるかしら？

親戚には何て説明しよう？

売春婦だったなんて告白した後で、どんな顔をしてお母さんに会えばいいの？

娘はどうしよう？

みんなが私にどこにいたか聞いてきたら、何て答えればいい？

起きているのか、夢を見ているのか、ぼんやりしていた。数え切れないほどの考えが頭を駆け巡った。

ただひとつ、分かっていることは、何をどこから始めたらいいのか分からない、ということだけだった。

ずっと会っていない友達を想った。近所の公園でアイスクリームを食べたり、仲間の誕生日を祝うためにちょっとずつお金を出し合ったり、本当に質素な生活をしながらも、私をあんなに幸せにしてくれた。私に起こったことを正直に言おうかしら？　そんなことをしたらもう口をきいてくれなくなるかしら？　目を閉じると、私の娘や母、そしてみんなが私を非難し、憎んでいる姿が浮かんだ。売春婦だったことでみんなが私を嫌い、独りで部屋に閉じこもり泣いている自分の姿が浮かんできた。

涙が溢れ、胸が押しつぶされる気がした。身体が凍りつき、手には冷や汗がにじみ出た。なんとか客室乗務員を呼び、熱いお茶を頼んだ。

何も考えることができない。故郷に帰りたいという願いと想いが段々と悪夢に変わってくる。家族に憎まれ、拒絶されないか。そして彼らを失うことにならないか、と。

私にはもうペレイラに着くための気力も勇気も無くなってしまった。私の身体に入り込み、少ししか残っていない私の気力をさらう、悪い考えに負けないように、ネガティブな姿勢にならないように、と神に祈った。

『神様、あなたは私がこの状況の被害者であることをご存知でしょう。私がこの人生を選びたかったのではないことも……。母や家族が理解し、私を支えてくれるように、私に背を向けないように、私に力を貸して下さい』

お茶を飲み続け、時計を見ると、到着まであと一〇分だった。家を出たあの夜からずっと手元から手離さなかった聖書を手に取った。

『この世界で私は決して負けたりはしない。私をあんなにひどい目に遭わせたあの人たちに、刑務所で自分が犯した過ちを償わせるために、私は必要な告発をする。そう、池袋の路上で命を落としたあの女性のために、膨らませた夢が最悪の悪夢に変わるという経験をしたすべての女性、一人ひとりのために。あの悪と破滅に満ちた世界から離れ、前に進み、新しい人生を歩み始める勇気を持つのよ』

間もなく着陸するというアナウンスを聞き、はっとした。

『これからは家族と一緒に、自分の土地で、食べたいものを食べ、自分の言葉を話し、私を知る人たちのところへ行くのよ。だから怖がる必要はない』

身支度をして荷物を持つと、飛行機から私の娘、母、弟妹が待つ出口へと向かった。遠くから、私が出てくるのを待つ、やきもきする家族の表情が見えた。娘は大きくなっていて、髪は長く美しく、手には一輪のバラを握っていた。

心の痛みが消え去った。家族が私の心の傷を癒してくれるだろう。たった五〇歩位の距離なのに、家族がいる場所にたどり着くまでが永遠のようだった。顔には涙の粒が流れ、手にも汗を握り、自分の心臓がドキドキする音しか聞こえなかった。

ついに家族の元にたどり着き、娘を持ち上げ、強く抱きしめると、母や弟たちの抱擁を感じた。私たちは無言で抱きしめ合い、再び一緒になれた幸せと感激に涙した。

新しい決心

後は、私の人生のこの一章に幕を閉じるだけだった。そしてそれは、私と同じ経験をしている女性たちを助けられた時に、そして、やればできる、他にも道がある、正義は存在する、ということを私の証言と経験を通して見せられた時に初めて達成できるのだ。

私は死ぬまでずっと、この闘志を持ち続ける。私の娘たち、女友達の娘たち、姪っ子たち、従姉妹たち、そして世界のすべての女性たち、未来の女性たちが、この災難に遭わないようにできるかは、これからの私にかかっているのだから。

神の力が私の歩む道に一つひとつの出来事を起こし、私がそれを乗り越えられたのならば、他の女性たちにもできる。彼女たちは一人じゃない。私がいる。私が誇りを持ち、恥ずかしがらずに彼女たちを代表する。一緒に、ここから抜け出すのだ。

知って欲しい。たとえすべての扉が閉められたとしても、多くの約束が守られなかったとしても、私たちを認めてもらうまでは、不可能なことだってする。私たちの権利のため、一緒にこの問題の解決を見いだすために。

簡単でないのは分かっている。でも、私にとって、もう不可能なことはない。同じ体験をしてきた私たち女性のため、そして傷つきやすいこれからの世代のために、私は決意を形にしていくのだ。

著者インタビュー

日本はいつマルセーラを解き放つのか？

安田浩一（ジャーナリスト）

「恐怖は消えない。イレズミのように」

「怖い」と彼女は言った。

おそるおそる、私の顔を覗き込む。小動物が天敵に囲まれたときのような怯えの表情が浮かんでいた。話の接ぎ穂を失いたくない私は、「こわいですよね、わかります」とあいまいな相槌で応えるしかない。後に続く言葉を探しあぐねる私を気の毒に思ったのだろう。

「ごめんなさい。あなたが悪いわけじゃないんです」

彼女は慌てて付け加えた。

米国西部の某都市――砂漠地帯の乾いた風が吹き込む小さなホテルの一室で、私はマルセーラ・ロアイサと会った。

本書の訳者でマルセーラと面識のある常盤未央子《みおこ》がいなければ、おそらくは相当にぎこちないインタビューとなっていたはずだ。緊張と怯えで固くなったマルセーラの心を解きほぐしたのは、常盤の明るい性格と優しい気遣いであったことは最初に記しておく。

マルセーラは続けた。

「日本人の男性を目の前にすると、どうしても昔の記憶がよみがえってしまうんです」

日本から逃げるようにしてコロンビアへ帰国した経緯については本書でも描かれている。「許してください」と繰り返す彼女の困ったような顔を目にしながら、彼女の心の中に刻印されているであろう日本の風景を、日本の男を、私は思った。

マルセーラは日本のヤクザに追われている。少なくとも彼女はそう思い込んでいる。当然のことだ。彼女を〝取り引き〟したのはヤクザであり、そして彼女は日本において〝商品〟であり続けることを拒否した。マルセーラの逃亡に外形上、どれだけの正当性があったとしても、ヤクザのビジネスを破壊したことには違いない。契約の不履行に暴力で応えるのが斯界《しかい》の筋だ。年月が経とうとも、彼女が日本で目にした暴力の風景は消えることがない。

「過剰な恐怖心だと思われるかもしれません。恫喝と脅迫によって、私自身が洗脳されているのかもしれません。でも、そう思い込んでしまっている時点で、すでに彼ら（日本のヤクザ）のワナにはまっていることを意味するのだと思います」

マルセーラは「それが悔しい」のだと、泣きそうな顔で訴えた。

マルセーラの言によれば、実際に〝報復〟の犠牲となった者もいるのだという。

同じペレイラ（コロンビア中部の都市）出身の女性だ。その女性もまた、日本から逃げて故郷に帰ってきた。ヤクザの暴力と搾取に耐えられなかったからだという。

女性は帰国してから三週間後に死んだ。花の配達人を装ったヒットマンに、自宅の玄関で撃たれたのだ。地元では女性の死が「ヤクザの報復」だと信じられている。

真相は明らかとなっていない。いや、マルセーラにとって真相よりも重要なのは、同じ境遇の女性が殺されたという事実だけだ。人身取引《トラフィッキング》は、有形無形の圧力によって成立している。その回路を断ち切るには、ときに銃弾を浴びる覚悟も必要だということを、教え込まれてきた。いまでも彼女は自宅のドアがノックされるたびに緊張を覚えざるを得ない。花束の中に隠された拳銃が自分に向けられる悪夢から逃れられないでいる。

「恐怖は一生、消えない。ヤクザのイレズミと同じです」

彫り込まれた種々の色彩を払い落とすかのように、マルセーラは自らの腕をさすった。日本から逃げ出して、すでに一五年が経過しているというのに、彼女はまだ本当の「自由」を獲得できていない。それが痛いほどに伝わってきた。

それでも——と、彼女は言葉を続けた。

「いまではこうして自分の体験を話せるようにはなった」

気を取り直したように毅然とした表情を私に向ける。マルセーラは軽くウェーブのかかった金髪を手でかきあげ、姿勢を正した。

その仕草に、彼女が抱えた長くて暗い時間を思った。

「私にとっては忌々しい記憶しか残さなかったけれど、日本はそんなに悪い国じゃないと思う。そうでしょ?」

今度は彼女のほうから問いかけてきた。

どうなんだろう。いいところも悪いところも、たくさん知ってはいるけど。

答えにならない答えを返す私に、彼女は今度は笑顔を見せながら言った。

「清潔。高速道路も素敵。日本に初めて降り立った時のことを思い出します。成田空港から東京に向かうまでの高速道路に感動したんです」

外国人実習生との共通点

実は、同じような言葉を私は別の人間から何度も聞いている。その偶然に驚いた。それは、日本で働く外国人実習生を取材したときだった。実習生もまた、奴隷労働が問題視される人身取引の被害者として知られる。

中国内陸部から日本に渡った実習生たちは、例外なく日本の玄関口である空港や高速道路に「感動」していた。舗装が整った路面、防音壁、渋滞状況を示す電光掲示板、そしてマッチ箱を連ねたような住宅地やマンションの群れ。私にとっては欠伸《あくび》が出るだけの退屈な風景も、それは先進国の力量を見せつける仕掛けとしては十分なものなのだ。

しかし「感動」は長く続かない。高速道路を降りてからマルセーラを待ち受けていたのは暗い路上で客を引くだけの毎日であったし、実習生たちを待っているのは劣悪な労働条件に耐える毎日だ。過酷で苛烈な経験を強いられた者ほど、記憶の中にわずかな幸せを見出し、自身を支える材料とする傾向が強い。日本で最初に目にした高速道路の風景は、闇のような記憶を修正するために必要なものなのだろう。

「Welcome to Japan」――高速道路の入り口に設けられたアーチ状の看板は、夢の入り口でもある。くぐり抜けた後に控えているのは吉夢か悪夢か。自らの力だけではどうにもならない運命の扉をこじ開けたら、あとは運に頼るしかない。

出稼ぎ外国人のその後の境遇を知るための手段として私が用いることが多いのは、最初に覚えた日本語は何かと尋ねることだ。人は生きるために必要な言葉から身に付けていく。

マルセーラは「ニマンエン（二万円）」だと即答した。客への請求額である。

「これだけ覚えることができたら、すぐにビジネスができる」

薄暗い路上に立ち、行きかう男たちに「ニマンエン、ニマンエン」と呪文のように唱える。その一言だけで都会の夜の海を泳ぐことができた。

しばらくしてから「私、オッパイ大きい」も覚えたことで、さらに泳ぎが上手になった。豊かに盛り上がった胸を見せつける。物色する男の足が止まる。腕を引いてホテルに入る。

「会話はほとんどないから、日本語が話せなくて困ることはなかった」とマルセーラは振り返る。

ホテルの部屋で、客はほとんど口を開くことはなかった。黙々とセックスに励み、シャワーを浴びて身支度を終えると、日常の顔を取り戻して足早に去っていった。ホテルに入ってから出るまで、20分間で済んだ客もいるという。

マルセーラは客の背中を追うこともなく、また路上に立ち続ける。「ニマンエン」の呪文を唱えながら。

それが彼女の「日本」である。

これもまた、長く外国人労働者を追いかけてきた私にとっては既視感を覚えさせるものだった。

前述した実習生たちの多くは、最初に覚えた日本語を「シャチョウ、バカ、ゴメンナサイ」だったと私に答えている。「バカ」は生きるための言葉ではなく、浴びせ続けられた言葉である。

実習生は労働者としてはもちろんのこと、人間として認められないことも多い。低賃金で労働を強いられ、怒鳴られ、いうことを聞かなければ国へ返すと恫喝される。多額の借金を抱えて日本に渡った実習生たちは、ひたすら耐えるしかない。国際貢献、技術移転、高賃金といった甘言に乗せられたのだと気がついたときには、すでに現代の奴隷制＝人身取引の歯車として、身動きが出来なくなっている。

辞める自由がない状況で叩き込まれるのは、まっとうな労使関係ではなく、支配／服従の関係だ。何が悪かったのかを理解することもなく、ただひたすら謝ってその場をやり過ごす実習生の証言をわたしは聞き続けてきた。

売春と生産労働の違いこそあれ、転職の自由を奪われ、労働《しごと》を続けるかどうかという重大な局面において自らの意思が優先されないという点で、マルセーラも実習生も似通っている。食べていくための、生き抜くためのセックスワークを私は否定しない。だが、マルセーラは、逃げることが許されない労働環境を強いられた。

「いまでも、なぜもっと早く逃げなかったのかと聞いてくる人は少なくない。監視と暴力のシステムを知ってしまえば、逃げることがいかに困難なのか、誰でも理解できると思うのですが……」

「わたしたちは奴隷ではない」

そう、簡単なことではないのだ。「想像してもらうことのほうが少ないけど」とマルセーラは嘆いた。毎日、一〇人の客を取り、一〇日ごとにマネージャーへ一〇万円を渡す。転廃業の自由も、自立もない世界。「いつしか働くことの意味さえわからなくなってくる。これが私の人生なのだと思い込むことで、毎日をやり過ごしていました」

働くことの意味や誇りなど持ちようがなかったのだ。

仕事を終えてコンビニでおにぎりを買う。それをユンケルで流し込む。

「唯一、美味しいと思えた日本食。そして、唯一ホッとできる瞬間でもありました」

それは終業後に手作りの餃子を口にしたときだけが「まだ人間なんだと実感できた」と話した中国東北部出身の実習生の姿と重なる。この実習生(女性)は後に実習先の縫製工場を労働法違反で訴え、裁判で慰謝料を勝ち取った。勝訴した際、報道陣の前で広げた垂れ幕には「我們不是奴隷《ウオメンブシヌーリ》」(私たちは奴隷ではない)と記されていた。

その実習生も、仕事そのものを嫌ったわけではない。ささやかな希望と誇りをもって働くことができたかもしれないのに、日本側が取り決めたシステムがそれを許さなかった。

私がここであえて実習生を持ち出すのは、外国人セックスワーカーと実習生が、日本における人身取引の被害者として、国際的に認知されているからである。

米国務省は世界各国の人身取引に関する状況を調査した報告書を毎年公表している。報告書では日本の状況について「外国人女性への売春強要」と「外国人技能実習制度」がともに人身取引に等しい行為であると指摘。日本は主要先進国のなかでは最下層評価のロシアをやや上回る程度の評価認定を受けている。

もちろん、そもそも米国に他国を評価する資格があるのかといった疑問を感じる方も少なくはないだろう（私もそう感じてはいる）。また、たとえば本書においても、凄惨な暴力シーンなどほとんど書かれていないのだから、「人身取引」「人身売買」「奴隷的労働」といった定義づけに違和感を持つ向きもあるかもしれない。

だが、直接的な暴力や、暴力を用いての束縛がなくとも、自由で自律的な意志を制限することだけで、広範囲に「人身取引」「奴隷的労働」として捉えることは、いまや世界の常識なのだ。

この点は従軍慰安婦問題をめぐる日本社会の一部の認識とも似通っている。「強制連行」や「軍関与」の有無だけを問題の焦点とするならば、被害当事者の苦痛が見えてこないばかりか、国際社会からの批判をかわすこともできないであろう。

ましてやマルセーラはヤクザのコントロール下に置かれていたのである。

「実際、『逆らったら娘の葬式にも出られなくなる』とヤクザに脅されていました。その恐怖が、私を仕事に向かわせていただけなのかもしれません」

そうした恐怖は、ときに正常な思考や判断力さえ奪い取る。

本書の中にも、毛嫌いしているはずのヤクザの幹部に恋心を寄せるような記述が出てくる。この矛盾は、しかし、時間が経過してみれば「説明が付くもの」だとマルセーラは答えた。

「本当に好きだったのかと問われれば、多分好きだったのだと思う。誰かに守ってほしかったし、すがりたかった。恋している間は守ってもらえると思った」

絶望のなかにあっても、どんな暗闇のなかであっても、人はわずかな灯りを探すものだ。そこから逃れるために。苦痛を忘れるために。そして、生きていることを確認するために。汚泥に満ちたドブ川にも花は咲く。マルセーラは一輪の花に一瞬の夢を託したにすぎない。

兵士に恋した慰安婦がいたように。

「書くこと」が救いに

マルセーラはコロンビアに帰国してから現在までの間も、けっして平坦とはいえない道のりを歩んできた。

コロンビアでは自身の経験を伝えることで社会のために役立とうと考えるも、世間の無理解が彼女を再びセックスワークの世界に戻すことになる。だが、旅先で偶然に知り合った米国人男性と恋に落ち、結婚のためにコロンビアを離れたことは本書の続編（未訳）で詳細に語られている。

「せっかく日本から逃げ帰っても、故郷に幸せはなかった」とマルセーラは言う。

南米社会に色濃く残るマチズモ（男性優位主義）が彼女を苦しめる。

「売春経験を話すことはコロンビアを貶めるものだと怒る人もいました。女性が社会運動に関わるだけでも非難する人がいます。また、国会議員のなかには売春ビジネスに関わっている人もいるので、そもそも〝告発〟じたいが好意的に受け止めてもらえない」

人身取引廃絶を訴える社会運動の前線に立つことも許されず、かといって他に仕事を見つけることもできない。マルセーラが帰国した母国において高級娼婦の道を選んだのも、その仕事しか残されていなかったからだ。

「本当は、もう、セックスが嫌で嫌で仕方なかった。でも、生きぬくためには、子どもを育てていくためには、自分を壊していくのも仕方ないと思ったんです」

そうした自暴自棄から彼女を救ったのは、セラピーだった。

せめてもの心の平安を願って受けたセラピーが、マルセーラに新しい希望を与えることになる。

「辛いと思っていることを、そのまま書いてほしいと言われたんです。私には文章を書く力も経験もなかったから最初は戸惑いました。でも、自分の経験や胸の内を素直に書き綴っていたら、不思議なことにだんだんと気持ちが落ち着いてきたんです」

自分のなかに苦痛をため込まないことが大事だと教えられた。だからすべてを吐き出すように言葉を紙に連ねた。苦痛を、不安を、自分では整理しきれない矛盾も。

「書き始めたら止まらなかった」という。怒りを叩き付けるように、とにかく書いた。書きまくった。

誰に向けた怒りだったか。自分を利用したヤクザか。体の上を通り過ぎていった日本の男たちか。蔑むような目つきをしたコロンビアの政治家か。女性に仕事の選択肢を与えない社会か。貧困か。それとも自分自身に向けてだったか。

いずれにせよ、マルセーラは「書く」ことで救われた。

後にその筆力が認められ、自らの体験が本となってコロンビア全土にマルセーラの名が知れ渡ることとなる。そして出来上がった本書の原著（「ヤクザに囚われた女」）は何度も増刷されている。

いま、彼女は米国で、穏やかな暮らしを送っている。

――幸せですか？

私の問いかけに、マルセーラは「シー（はい）」と大きくうなずいた。

彼女は「ほら」とスマホに保存してある写真を私に見せた。仲睦まじく、互いに笑顔で見つめあったマルセーラ夫婦が写っている。

夫婦ともに働いていて、必ずしも裕福というわけでもない。

「それでいい」とマルセーラは言った。

「少なくとも今の私は壊れていない。もちろん記憶をたどれば泣きたくなるし、怖くなるし、誰かが追いかけてくるのではないかと不安に襲われることもある。でも、いまの私はパーフェクトなんだと、いつもそう自分に言い聞かせているんです。そうすることでなんとか今日を生きることができる」

そう、パーフェクト、パーフェクト。マルセーラの新しい呪文だ。

サバイバーとして体験を語る

過去の自分については家族皆が知っている。誰もそれを責めることはない。いまの小さな幸せが、過去の犠牲の上に成り立っていることを家族がきちんと理解しているからだ。

だから、呼ばれれば講演にも積極的に出かける。米国各地だけでなく、英国やインドで講演したこともある。

「人身取引の恐ろしさを話すことで、さらなる犠牲者が出ることを防ぎたいんです。モラルや道徳を伝えたいわけじゃない。ただ、理不尽な悲しみが世の中に増えることを私は望んでいないだけです」

人身取引を生み出すものは何かと私が問うと、彼女は次のように話した。

「すべての原因は貧困にあると思うんです。貧困があるからこそ、教育の機会が奪われる。貧困のためにチャンスに恵まれない。そして人生の選択肢が狭められる。その問題に取り組まない限り、人身取引も奴隷労働もなくならない。本当は政治が解決すべきことなんです。でも、政治家が本気で取り組まないのであれば、せめて、私の地獄のような体験を人々に伝えて、自衛してもらうしかない。売春が悪だと言いたいのではなく、都合よく利用されるためだけに、自分の意志を殺して売春することは避けてほしいと思っているんです」

なぜならば——とマルセーラは続けた。

「幸せな結末を見たことがないんです。少なくない女性たちが、自分自身を壊していく」

売春に身を投じた仲間たちのほとんどは消息を絶っている。どんなに稼いでいても、どこかで「壊れて」いく。ドラッグにおぼれていく者も少なくない。そこに人身取引が絡んでいけば、その時点で自分の体は他人によってコントロールされることになる。

「恐怖によって支配されたビジネスが成立すること自体がおかしいでしょ？　せめて人間としての尊厳だけは捨ててはいけないと思うんです」

一通りの話を終えてから、私は彼女の案内で地域の名所を見て回った。夜勤明けで疲れているだろうに、マルセーラは栄養ドリンクのレッドブルを飲みながら愛車のミニバンを運転し、まるで観光ガイドのように、私たちを楽しませてくれた。

その気づかいに感謝しつつ、しかし、別れ際に私は最後の質問をぶつけた。

——もう一度、日本を訪ねてみようとは思いませんか？

可能であれば、マルセーラに自身の体験を日本でも話してほしいと私は願っている。人身取引の実態、セックスワークのあり方、そして諸悪の根源である貧困の問題について。

彼女の体験は、一つの結論を導き出すものではないだろう。しかし、何かの議論を促すきっかけにはなるはずだ。

同時に彼女が見た日本を、彼女が感じた日本を、彼女が嫌悪して、でも少しだけ愛した日本人のことも、できることならば日本の地で話してほしい。

私はそう伝えた。

マルセーラは表情を変えずに黙っていた。

少しの沈黙。小さな戸惑い。彼女のなかで「日本」がよみがえっていることだけはわかった。

長い時間をかけて打ち解けた後だったから、出会ったときのように「こわい」とは口にしなかった。

だが、マルセーラは結局、答えらしい答えを口にすることなく、私に笑みを返しただけだった。

「日本」はまだ、マルセーラを解き放してはくれないのだ。

訳者あとがき

旅行社の一社員である私がなぜこの本を翻訳することになったのか。そのいきさつをまとめようとしたら、私自身の過去に戻ってしまった。

学校の社会の授業で地図帳を眺めながら世界の国々に想いを馳せていた子ども時代、外国語を勉強する以外の進路はないと勝手に決めていた高校時代、とにかく自分と違う人びと、異文化への関心が強かった。とはいえ、田舎暮らしでは普段の生活で外国と接することはなく、テレビの『兼高かおる世界の旅』を見てワクワクする程度だ。しかし「念ずれば通ず」とはよくいったもので、成り行きの選択ではあったものの、運良く大学でスペイン語を専攻することに。スペイン語がどの国で話されているかも知らない状態でのスタートだ。

ところが大学で勉強をし始めると、語学そのものより、それが話されている国々の文化や人びとに関心が広がり、急に自分の世界が大きくなっていった。小さな頃からの興味が刺激されたのだ。

その頃ちょうど入国管理法が改正され、ブラジル、ペルーなどの南米諸国からの日系人の入国が容易になり、住んでいた名古屋でもそんな人たちをよく見かけるようになった。バブル時代を背景にした労働者不足を補うために外国人の受入を強く求めていた産業界からの催促によるものだ。私は大学のスペイン語の授業では物足りず、生のスペイン語を聞きたいと思っていた。すると意外と近いところに「先生」がたくさんいたのだ。ペルー人の友人ができると、週末にはよくペルー料理を食べさせてもらったり、誰かの誕生日パーティーに呼ばれては言葉もよく分からないのに出向き、一つのグラスを順番に回してビールを飲んでいく不思議な習慣を体験したりした。

そんなときに流行したのが、オルケスタ・デ・ラ・ルスとなどのサルサバンドだった。もともと音楽を聴くのは大好きだが、好きな音楽を聴きながらスペイン語も勉強できるなんて。まだ日本人の間では「サルサって何?」という時代、友人とラテン音楽を聞いたり踊ったりする場所に行くのが週末の楽しみになった。集合場所は夜の名古屋の繁華街、雑居ビルの一角だ。しかしそこはまるで別世界。よく言えば国際交流の場、悪く言えば日本に出稼ぎにきたラティーノスたちの吹き溜まりだった。

タバコと香水が入り交じるむっとした空気のなか、日本に住むラティーノスたちが時には陽気で時には感傷的なサルサの音楽で踊り、酒を飲み、スペイン語での会話で情報交換をしたり日々の鬱憤をはき出す、そんな場所だ。

日本人の大学生の私たちはいったい何をしに来たかと思われるほど、そこでは完全にマイノリティーだったが、ひたすら生のスペイン語を聞いてみたい、話してみたい、そんな純粋な私たちの話し相手になってくれたのは、コロンビアから働きに来ていた女性たちだった。彼女らはとても美しく華やかで派手な服装をして、とてもコケティッシュに見えた。ほとんどが、夜の仕事をしている、と話してくれたが、疲れ切って暗く寂しげな目をしている女性も多かった。その外見や振る舞いから彼女たちの仕事の種類は想像できたが、どうして日本に来たのか、日本での生活の苦労、言葉の問題、コロンビアでの話などの込み入ったことは、私のスペイン語能力の限界もあり、よく分からなかった。

当時、私がコロンビアについて持っていたイメージは、マフィアと麻薬、殺人が多発する国。実際一九九〇年代、コロンビアは世界で最も殺人発生率が高い国、犯罪が多い国として報道されていた。よく週末に、コロンビア料理をごちそうになりにいくと、メデジン出身のある友人は、メデジン・カルテルの創設者で麻薬王として知られるパブロ・エスコバルと小さい頃よく遊んでいた、と笑って話していた。いったいコロンビアはどんな国なんだろう。興味はあっても怖くて足が向かず、大学を卒業してからはコロンビアのことも彼女たちのことも次第に忘れていった。

それから何年か後に、世界一周の船旅「ピースボート」の旅行を企画・運営する会社に就職すると、海外への出張が増え、幸運にもコロンビアに行く機会を得た。一番気になったのはやはり治安状態のことだったが、パブロ・エスコバルが射殺されてから一〇年以上も経っていた。コロンビアの治安は確実に回復しており、滞在中に怖い目に遭ったことは一度もなかった。大学時代に持っていたこの国のイメージがこれほど変わるとは。豊かな自然と文化があり、人も親切でこの国が大好きになった。そういえば、あの頃によくおしゃべりした彼女たちは海岸部の出身と言っていたなとか、カリのそばの街に住んでいるからと手紙をもらったこともあるな、と少しずつあの頃の友人たちを思い出すようになっていた。

そんなある日、コロンビアへの出張中に書店に入った。棚に並んだ本の背表紙を眺めていると〝YAKUZA〟という文字が目についた。気になって手に取ってみると〝IKEBUKURO〟、〝SHINJUKU〟、〝PROSTITUTA〟(売春婦)の文字が。コロンビアの物価からすると二〇ドル以上もする本は高い。でもどうしても読んでみたい、読まないといけない、と思った。

マルセーラというコロンビア女性が書いた〝ATRAPADA POR LA MAFIA YAKUZA〟「ヤクザに囚われた女」と言うタイトルのこの手記は、夢と希望に溢れて降り立った日本で、いきなりパスポートを取り上げられたうえに多額の借金を負わされ、売春を強要された日々の出来事を綴っていた。驚くようなエピソードがたたみ掛けるように続き、気がつくとあっという間に全て読み終えていた。その後も衝撃的な場面のイメージが頭にこびりつき、ひとときも忘れられなくなってしまった。

日本でこのような人身取引が行われていたのか、私はそのことを全く知ることなくいままで生きてきたのかという絶望的な気持ちになり、あの頃一緒に楽しい時間を過ごした女性たちもそんな目に遭っていたのかもと思いを巡らせた。

同時にこれは他の人にも伝えなくてはという衝動に駆られた。しかしスペイン語の本だから読める人は限られている。それなら出版するかどうかはともかく、まずは自分で訳してみようと、仕事の合間に少しずつ翻訳することにした。内容をきちんと伝えるためには、まず著者自身の思いを深く理解する必要がある。彼女の言葉一つひとつを日本語にしていくにつれ、今度はマルセーラ自身への興味が湧いてきた。この人はなんて純粋で天使のような人なんだろう。会ったこともないのに、そんなイメージが文章から勝手に湧いてくる。次第に会ってみたいという思いがじわじわと湧いてきて止まらなくなった。もし出版するなら本人の承諾が必要だ。それなら直接連絡を取ってみようと調べてみたら、連絡先を発見。早速メールをするとすぐ本人から返信があった。また「念ずれば通ず」であっという間に話が進み、なんと本人に会いに行くことになった。二〇一二年のことだ。

待ち合わせのホテルのロビーに現れたのは、金髪で色白の小柄な美しい女性。すぐに打ち解け、気さくにいろいろと話してくれた。やる気に満ちて、ポジティブなエネルギーを発していた。彼女の運転でドライブしながら、訳した本を出版したいという希望を伝えた。すると、日本では大変な目に遭ったが、日本人には恨みは持っていないこと、いつかまた日本に行ってみたいこと、そして何より自分の本が日本で日本語で出版されることはまさに自分の最大の夢であることを語ってくれた。その話しぶりや立ち振る舞いはまるで天真爛漫な天使のようで、まさかこの人が売春の世界に身をやつしていたなんてウソのよう、そんな人だった。

実はその頃、彼女は二冊目の本をコロンビアで出版していた。日本での悲惨な日々から解放されてコロンビアの家族の元に戻ったあとの話である。コロンビアでの就職難、屈辱的な日本での経験のことを誰にも話せないつらさ、生活苦が理由で再びセックスワーカーとなったことなど、その後の苦労が描かれている。コロンビア国内では一冊目と同様、二冊目も大ヒットし、テレビやラジオでの取材を受け、新聞記事でも数多く紹介された。

現在、マルセーラは「人身取引」の実態を語る証言者として、学校や国際シンポジウムなどで講演をしながら、若い女性たちが自分と同じ道を辿らないようにと人身取引予防のための啓蒙活動を積極的に行っている。

普通なら隠したい過去の経験をこのように世間に公表するのは勇気がいる。日本を舞台にした外国人女性への性的搾取や人身取引の実態は報告書の形ではよく見られるが、本人が実名を出して赤裸々にここまで告白したものは私は見たことがない。彼女の体験は二〇〇〇年頃の話で、いまから一五年前のことである。一五年も前のことか？

いや、たった一五年前のことだ。

当時、池袋や大久保、新宿の歓楽街で、露出度の高い服を着て行列のように並んでいた外国人女性たちのことをいまでもはっきりと覚えている人は多い。そんな人影はいまやほとんど見なくなった。在日本コロンビア大使館や領事館などの懸命な努力もあり、二〇〇五年以降、コロンビア人の人身取引被害者は数字の上ではいなくなった。しかし、問題は解決したのだろうか。単に被害が見えづらくなっただけではないか。

米国国務省が毎年発行する、世界各国の人身取引の実態をまとめた「人身取引年次報告書」において、二〇一六年も「日本は人身取引根絶の最低基準を満たさない国」という厳しい評価を受けた。日本が一〇年以上、先進国では最低ランクの評価を受け、「人身取引受け入れ大国」と国際社会から批判を受けていることは、日本では余り知られていない。この報告書は、東南アジア、南米、アフリカなどから来日する人たち(児童含む)の性的搾取の被害や、児童ポルノの主要発信地となっている点、近年では「外国人技能実習制度」を悪用し、中国や東南アジアなどからの研修生を日本各地の農場・工場で研修という名の下、逃げられない状態で低賃金で働かせるという労働搾取や、児童買春の温床となる「JK(女子高生)ビジネス」など、日本における人身取引の実態を指摘している。

「現代の奴隷制」といわれる人身取引を撲滅するためには、まずその実態を多くの人に知らせる必要がある。マルセーラは自身の本の中で繰り返し書いている。「何度も死にたいと思ったが、いまこうして生かされているのは、この世でしなければならない使命を天が私に与えたからだ、それは多くの人に自分の声を届けることだ」

声をあげることができるようになった被害者は自分たちを「サバイバー」と呼んでいる。マルセーラも人身取引の「被害者」ではあるが、いまや地獄を生き抜いた「サバイバー」として、同じような体験をした世界の女性たちと連帯し、日々、自分たちの声を伝える努力をしている。

思い出すのもつらい体験をしてきたマルセーラが、世の中に自分と同じような目に遭う女性がいなくなるようにと、勇気を振り絞って告白した、日本における人身取引という犯罪の実態。この本をより多くの人に届けることが、人身取引撲滅の第一歩と信じている。生きてこの地獄を抜け出せなかった多くの女性たちへの鎮魂の意味も込めて。

二〇一六年「ブルーハートの日」に　常盤未央子

謝辞

この翻訳本を出版したいという妄想のような思いつきに、最初から適切なアドバイスと励ましの言葉をおくってくださったジャーナリストの伊高《いだか》浩昭さん、なかなか出版社が決まらず困っていたところに助け船を出してくれた友人の上野祥法《よしのり》さん、荒波にもまれて沈みそうな船を救っていただき、扱いが難しいテーマに正面から向き合って本書の出版に漕ぎ着けてくださった出版社ころからの木瀬貴吉さん、遠く太平洋を渡って著者の「いま」を取材し、人身取引被害者の心の傷の深さを思い知らせる文章を寄せてくださったジャーナリストの安田浩一さん、日本における人身取引の被害相談に対応してきた視点から、マルセーラさんの経験が「はじまり」でも「終わり」でもないことを示し、現状とその深刻さを分かりやすくまとめてくださったＮＰＯ法人人身取引被害者サポートセンターライトハウス代表の藤原志帆子さん、そして、出版を思い立ってから六年もの間、ずっと声援を送りつづけてくれた友人の皆さん、ピースボートグループの仲間たちに心より感謝いたします。

最後に、過去のトラウマと闘いながらもこの本の出版に同意してくれた、著者であり、いまではかけがえのない友人となったマルセーラ・ロアイサさんに深く感謝の意を表します。

訳者一同

プロフィール

Marcela Loaiza（まるせーら・ろあいさ）

1978年コロンビア生まれ。1999年に来日し、セックスワークを強要される。2001年に帰国し、2009年に日本滞在中の出来事をまとめた手記（「ヤクザに囚われた女—人身取引被害者の物語」＝本書）が大ヒットし、2011年に続編（「過去の私、いまの私」＝未訳）を刊行。その後、米国に移住し、人身取引撲滅のためのNPO Fundación Marcela Loaizaの代表として活動する。

常盤未央子（ときわ・みおこ）

1972年長野県生まれ。愛知県立大学スペイン学科を卒業後、南米で6年間過ごす。2006年からNGOピースボートが企画する船旅の主催旅行会社に勤務。本書は初の翻訳書となる。

岩﨑由美子（いわさき・ゆみこ）

1978年東京都生まれ。米国オールド・ドミニオン大学外国語学部を卒業後、2005年からNGOピースボートスタッフに。現在はピースボートの船旅の主催旅行会社に勤務。本書は初の翻訳書となる。

藤原志帆子（ふじわら・しほこ）

1981年北海道生まれ。米国でウィスコンシン大学マディソン校を卒業後、人身取引撲滅のためのNPOに勤務。2004年に帰国しポラリスプロジェクトジャパンを設立（2014年にNPO法人人身取引被害者サポートセンターライトハウスに改称）。4000件を超える相談に対応し、320人以上の支援を行っている。ライトハウス代表。

安田浩一（やすだ・こういち）

1964年静岡県生まれ。週刊誌記者を経てフリージャーナリストに。主な著作に『ネットと愛国』（講談社＋α文庫）、『沖縄の新聞は本当に「偏向」しているのか』（朝日新聞出版）など。

サバイバー
池袋の路上から生還した人身取引被害者

2016年8月25日初版発行
定価1800円＋税

著
マルセーラ・ロアイサ

訳
常盤未央子、岩崎由美子

解説
藤原志帆子

著者インタビュー
安田浩一

パブリッシャー
木瀬貴吉

装丁
安藤順

発行
ころから
〒115-0045 東京都北区赤羽1-19-7-603
Tel 03-5939-7950 Fax 03-5939-7951

Mail office@korocolor.com HP http://korocolor.com

ISBN 978-4-907239-20-6 C0036

ころからの本

ヘイトスピーチに抗う
歴史ノンフィクション

九月、東京の路上で
1923年関東大震災ジェノサイドの残響
加藤直樹
1800円＋税／978-4-907239-05-3
4刷

戦争体験者へ。
「同世代」からの手紙

若者から若者への手紙
1945←2015
落合由利子、北川直実、室田元美
1800円＋税／978-4-907239-15-2
2刷

サッカー本大賞
受賞！

サポーターをめぐる冒険
Jリーグを初観戦した結果、思わぬことになった
中村慎太郎
1300円＋税／978-4-907239-07-7
3刷

ころからの本

ロックフェスから
考える脱原発

太陽のひと

ソーラーエネルギーで音楽を鳴らせ！
朴順梨
1400円＋税／978-4-907239-09-1

本屋大賞PR誌の
好評連載を単行本化

離島の本屋

22の島で「本屋」の灯りをともす人たち
朴順梨
1600円＋税／978-4-907239-03-9
3刷

日本の縮図
「東久留米」から
考える

議会は踊る、されど進む

民主主義の崩壊とその再生
谷隆一
1600円＋税／978-4-907239-12-1

ころからの本

ワンコリアから ワンアジアへ

ハナ
ワンコリア道草回顧録
鄭甲寿
2700円＋税／978-4-907239-17-6

人権を語り合う

【香山リカ対談集】ヒューマンライツ
人権をめぐる旅へ
共著・香山リカ、マーク・ウィンチェスター、加藤直樹、土井香苗、渡辺雅之、青木陽子、小林健治、永野三智
1500円＋税／978-4-907239-16-9

「声」をとりもどせ

【写真集】ひきがね
抵抗する写真×抵抗する声
島崎ろでぃー・写真　ECD・文
1600円＋税／978-4-907239-18-3 2刷